小さいエネルギーで暮らすコツ

太陽光・水力・薪&炭で、電気も熱も自分でつくる

農文協

はじめに——農山村には小さいエネルギーを活かす知恵がある

本書は、雑誌『季刊地域』や『現代農業』に掲載された記事を再編集し、身のまわりの自然を活かしたエネルギー自給の知恵や技を一冊にまとめた本です。

ご存じのとおり、私たちの日常には電化製品があふれています。かつて水車の動力で粉を挽き、薪や炭を燃料にしていた頃とは暮らしが一変しました。しかも、その電気の原料になる原油や天然ガス、石炭は外国からの輸入に多くを頼っています。この本では、身近な太陽光、水力、薪や炭などを活かし、自分たちで生み出す電気や熱、動力などのエネルギーを「小さいエネルギー」と呼びます。これは、原発やメガソーラーのような中央集権的・大規模集中型のエネルギーとは違い、小規模分散型・地産地消のエネルギーであり、作物と同様、気象の変化に気を配り手をかけるという意味では、農家の日常感覚の延長にあるエネルギーともいえます。

「作物と同じで、自分で生み出した電気はたまらなく愛おしい」

岐阜県中津川市のブルーベリー農家・口田哲郎さん（ｐ54）は、自宅で小水力発電を始めて、かれこれ20年以上になります。用水路の水を引くために敷地内をバックホーで整地したり、取水槽と発電所建屋をつなぐ水圧管を敷設したり、すべて自分でこなしました。発電した６００Ｗの電気は、農園のストッカーやトイレの照明など無駄なく自家消費しています。その他にも波トタンの天日干しで乾燥野菜づくりを楽しむ農家（ｐ38）や、自作の雨水クーラーで涼をとる農家（ｐ82）、保米缶の燻製器でサクラの生木を燻し、極上のベーコンをつくる農家（ｐ90）などが続々登場。小さいエネルギー自給の工夫や楽しさを紹介します。

食べものと同じように、エネルギーも外部にばかり頼らず、自分の手で少しでも多く賄う。そんな暮らしは自然の恵みを実感でき、きっと痛快なはず。この本が、小さいエネルギー暮らしの一助になれば幸いです。

２０２３年３月

一般社団法人　農山漁村文化協会

目次

図解 ニッポンの エネルギー 事情

まとめ=編集部　イラスト=河野やし

ENERGY

エネルギーはぜんぶ海の向こうからやって来る！

化石燃料は、ほとんど輸入に依存。日本のエネルギー自給率は11.2%で、OECD36カ国のなかで35位（1位はノルウェー）。

原油
99.6%（1億3646万kℓ）輸入。このうち約6%が火力発電用、9.4%が家庭や店舗向けの燃料、31.2%がガソリン。輸入先の約9割がサウジアラビアなどの中東諸国。

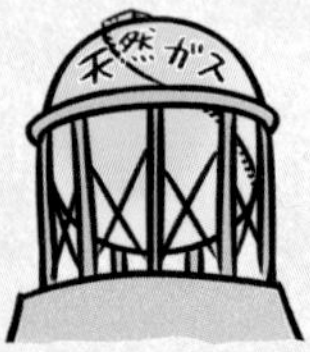

ガス
都市ガス（液化天然ガス）は97.9%（7636万t）が輸入。約6割が発電用、約3割が都市ガス用。主な輸入先はオーストラリア、マレーシア、ロシアなど。

石炭
一般炭は99.8%（1億525万t）が輸入。62%が発電用。主な輸入先はオーストラリア、ロシア、インドネシアなど。

参考：資源エネルギー庁「エネルギー白書2022」、石油連盟「今日の石油作業2022」

エネルギーって何？

自動車、トラクタなどのエンジンを動かす

ストーブ、コンロなどの熱を出す

テレビ、パソコン、照明などの光を出す

など、何らかの仕事をする**力**のこと

電気の原料の７割は原油、天然ガス、石炭

（　）内は2021年の国内の電源構成　（ISEP資料より）

電気・ガス・ガソリン

原油（14.1％）
天然ガス（31.2％）
石炭（25.6％）
← **化石燃料**

原子力（6.6％）
再生可能エネルギー
← **非化石燃料**

太陽光（9.5％）⇒ Part 1 …… p11
水力（7.6％）⇒ Part 2 …… p53
バイオマス（4.3％）⇒ **Part 3** … p85
風力（0.9％）　**地熱**（0.3％）

エネルギー源の7割は原油、天然ガス、石炭でほぼ電気の原料になっている

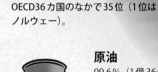

電気は輸入していないと思っていたけど、原料はほとんど輸入なのね

電化製品は年々増え続けている

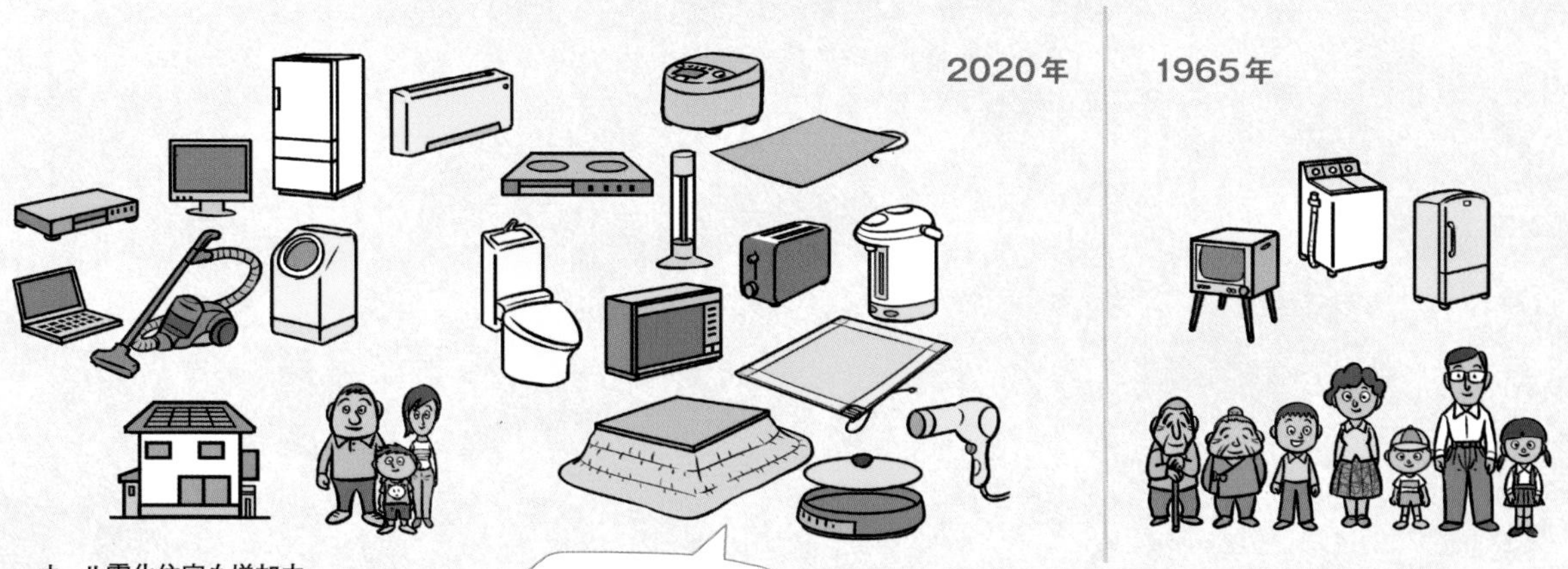

オール電化住宅も増加中

電気を熱源に使う
製品もいっぱいだ

家庭のエネルギー消費量は50年前の約2倍

電気の割合が
かなり増えてる！

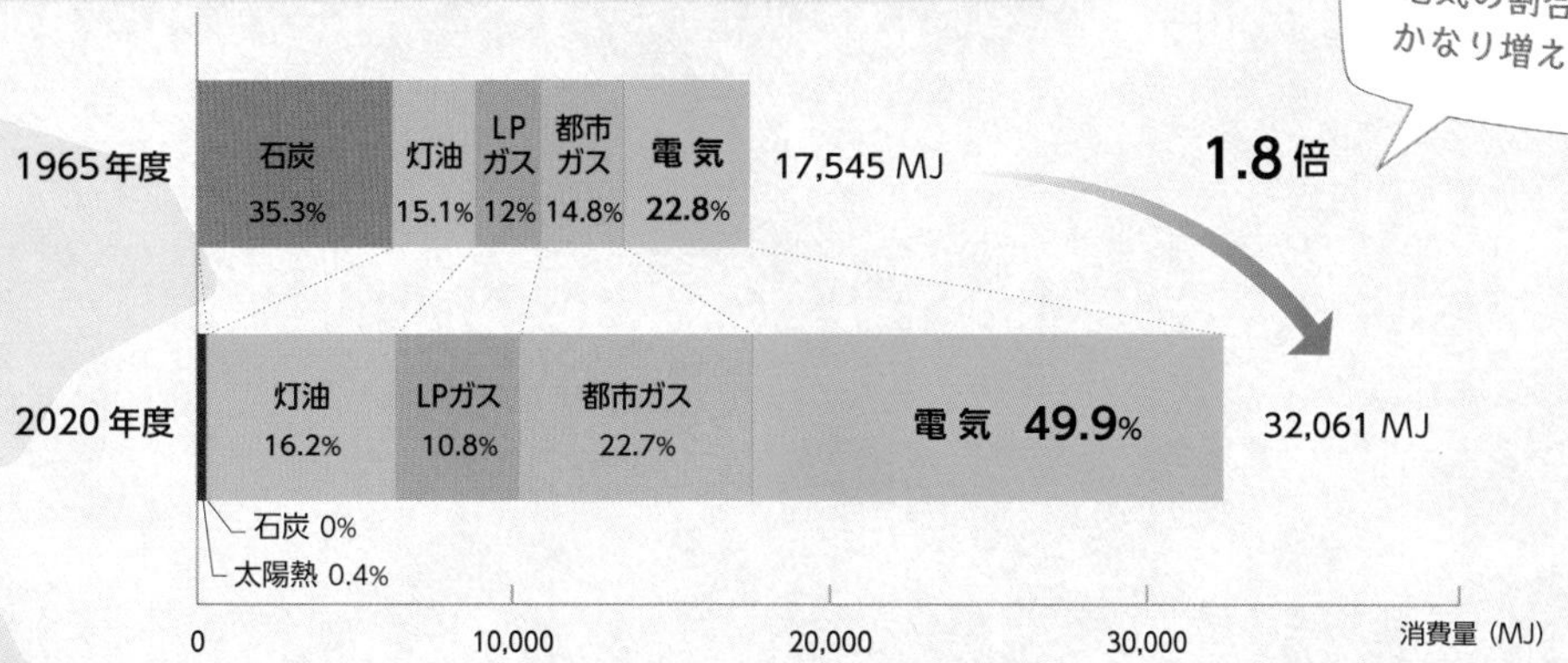

※ J（ジュール）はエネルギーを表す世界共通の単位。1J＝0.24cal（カロリー）、1MJ（メガジュール）＝240kcal。
$1m^3$の薪を燃やすと約10,000MJの熱量が得られる

参考：「エネルギー白書2022」

私たち電気の使いすぎね。

原料も外国産頼みだから、これからは再生可能な小さいエネルギーに変えなきゃいけないわね。

やっぱり、食べものと同じでエネルギーも自給が大事かも

電気で熱を得るのは非効率

「光」や「熱」などのエネルギーは、テレビが電気エネルギーを光や音、熱などに変えているように、相互に変換が可能だ。ただし、電気ポットやドライヤーなどのように電気から熱エネルギーへの変換は、同じ熱量を得るために2倍の燃料が必要になるので、とても効率が悪い。

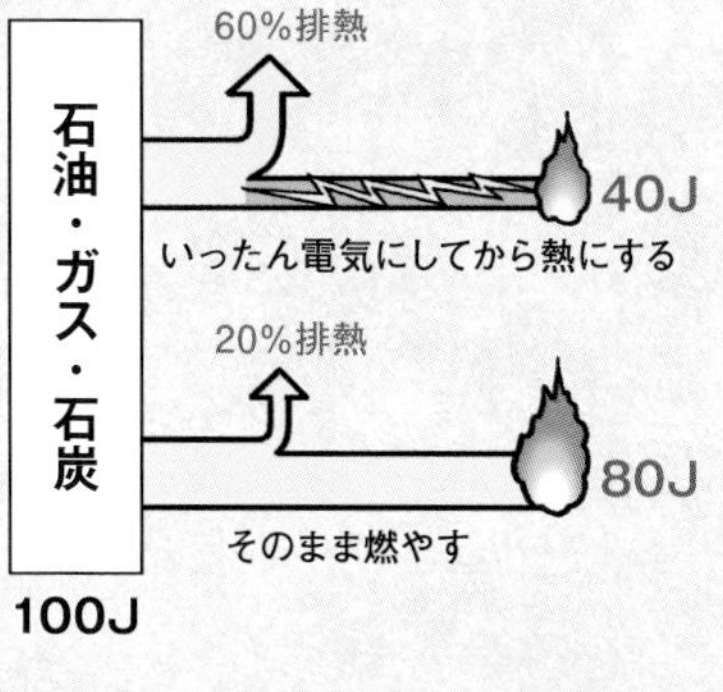

同じ熱を得るのに電気だと
燃料が2倍必要になる!?

湯浅直樹さんと妻の弘子さん。フォークリフトも刈り払い機も電動式で、太陽光からつくった電気で動かす。フォークリフトのコンテナに積んでいるのはウメの木の薪

ウメ農家・湯浅さんの

電気に頼りすぎない暮らし

群馬県高崎市・湯浅《ゆあさ》直樹さん

文＝編集部　写真＝曽田英介

電気をよそに頼らない

屋根という屋根に太陽光パネルがびっしり。ウメを1・3ha栽培し、梅干しや練り梅、梅醤油などにして全量直売する湯浅直樹さん（60歳）の自宅や加工所・倉庫は、さながら発電工場だ。

1993年に父の跡を継いで就農した湯浅さん。その後起きた阪神・淡路大震災に衝撃を受け、「エネルギーをよそに頼りたくない」と、元養蚕小屋（現在はウメ加工所）の屋上に太陽光パネルを設置した。以来増やしてきたパネルは現在8基。ガラスハウスを除く南向きの屋根をすべて覆っている。

8基を合わせた最大出力は36・2kW。うち自宅や農業用に使う電気はわずかで、ほとんどは固定価格買取制度を使って売電し、年間約200万円の収入になっている。

また、車庫には16kWhの蓄電池を持つ電気自動車アイ・ミーブ（三菱）。2010年に発注した群馬県第1号車だ。使わないときは車庫で充電し

ゆあさ農園の俯瞰図

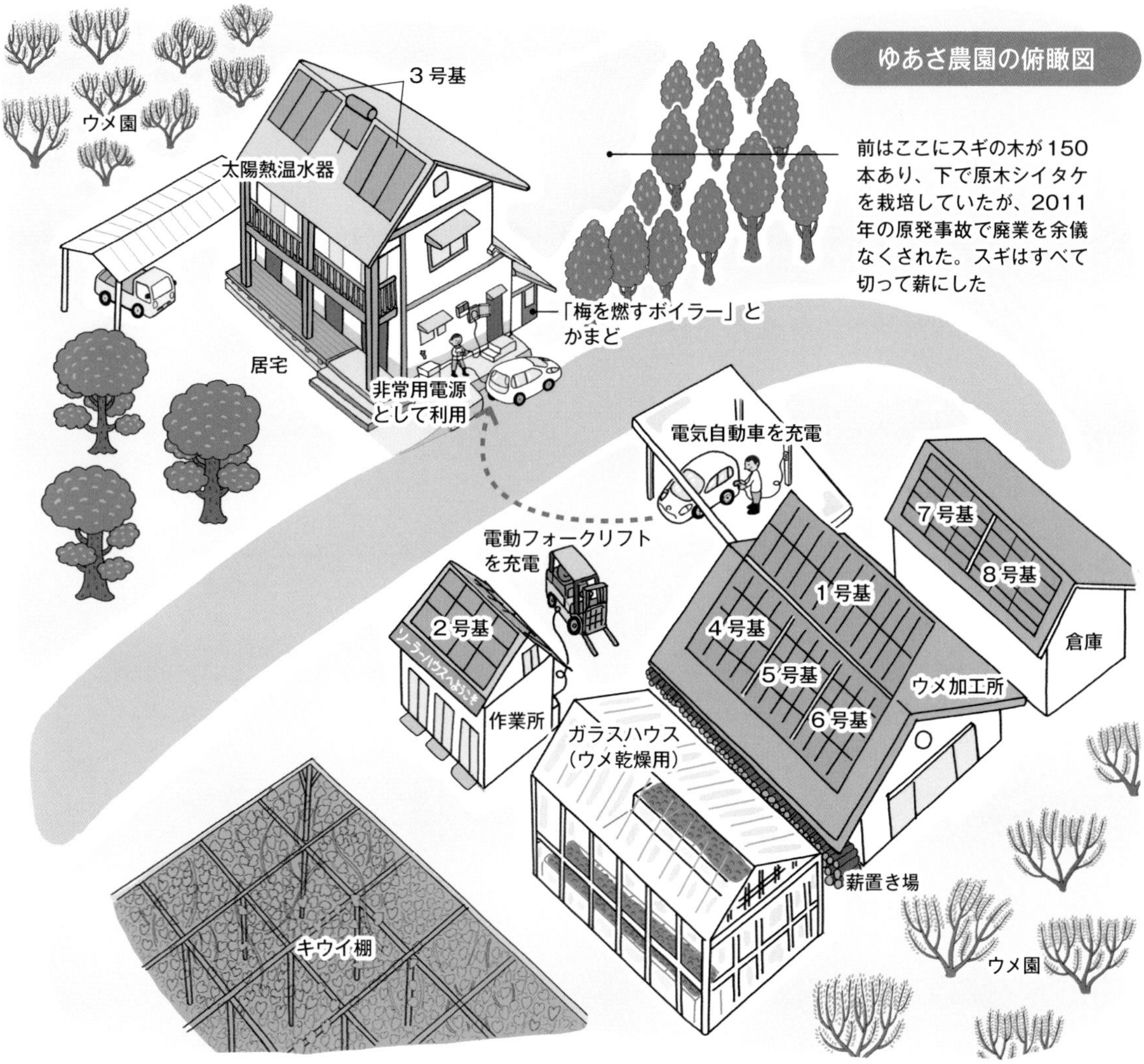

イラスト＝河本徹朗

各太陽光パネルがつくる電気の使い方

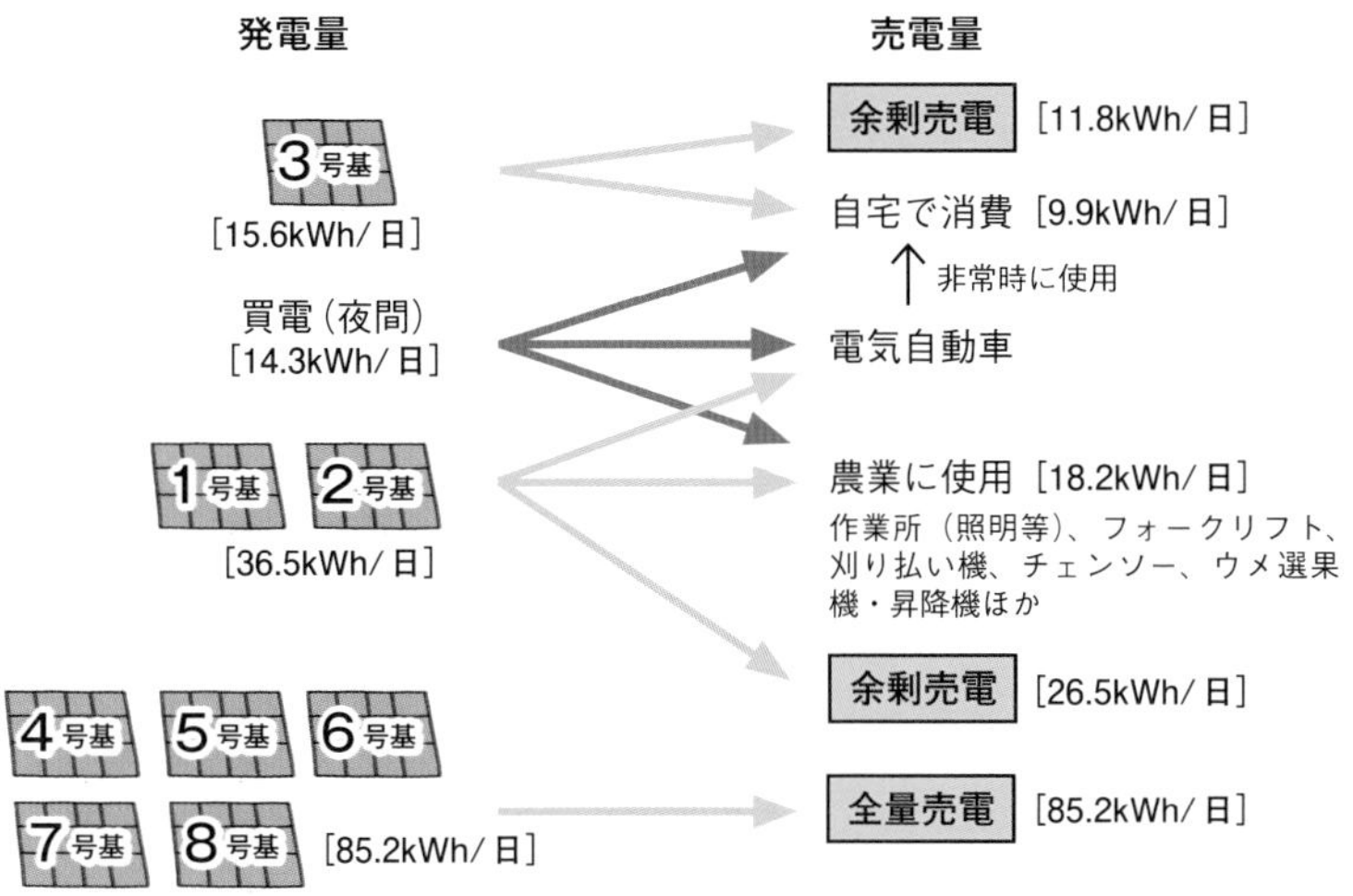

三菱の電気自動車アイ・ミーブを充電。夜間の停電のときは非常用電源として使える。蓄電量は16kWh。8時間でフル充電となり、自宅の家電で使用する場合は約10時間もつ

家のまわりは燃やすもん
ばっかりですよ
ウッドボイラー
煮炊き用かまど

約100万円で導入したエーテーオー㈱のATOウッドボイラー。ウメの木を燃やした熱が貯湯槽の水を温め、そのお湯が給湯用の水と暖房用の不凍液を温める

鉄コンテナ1杯分のウメの木の薪（約1m³）を冬なら1週間、夏なら2カ月で燃やす

改植のため切ったウメの木。割らずに5年ほど乾かしてから使う

着火剤にはクリのイガと竹を使う。スギの葉よりもよく燃える。どれも屋敷まわりに大量にある

ておくが、もし夜間に停電が起きたら、自宅外壁のコンセントと車をコードでつなげば非常用電源として使える。10時間はもつというから安心だ。

ウメを薪に 給湯・暖房・調理も

これだけの発電をしながらも、じつは「電気はなるべく使いたくない。非電化が目標」という湯浅さん。代わりの頼れるエネルギー源が、ウメ。剪定枝や、改植のため切った木が大量にあるのだ。

これを熱エネルギーに変える装置が、5年前に家の新築と同時に設置した「梅を燃す《バイオモス》ボイラー」。ウメの薪を燃やした熱で給湯から暖房まで賄う優れものだ。

その隣には煮炊き用のかまどもあり、同じくウメを燃やして使う。また、自宅の屋根には太陽熱温水器も設置。給湯用の熱源は太陽熱と薪を切り替えて使っている。

若い頃から考えてきた暮らし方が、どんどん実現してきている。

「梅を燃す《バイオモス》ボイラー」の仕組み

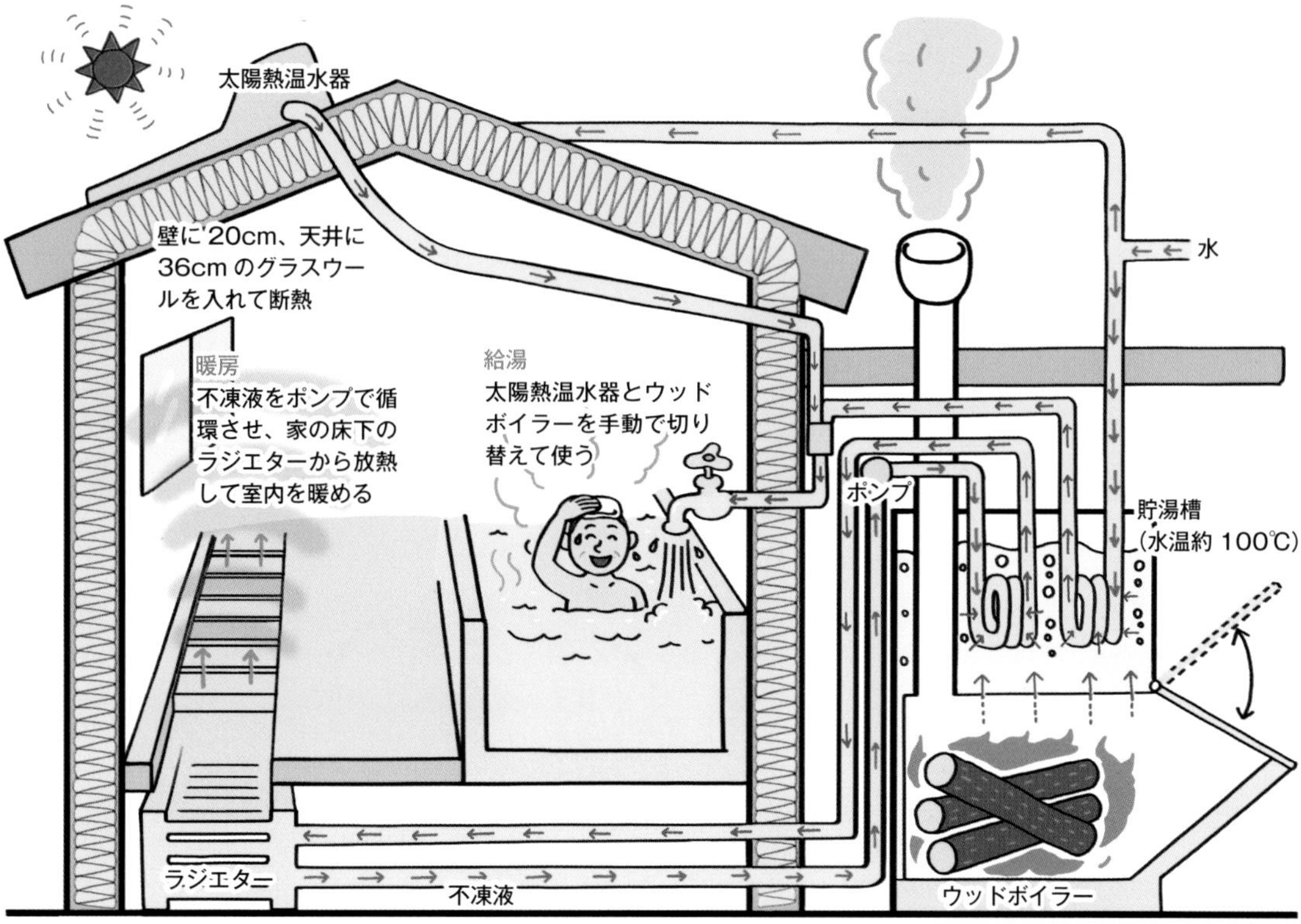

断熱だけじゃない　夏も冬も快適な家のつくり

湯浅さんの自宅は、冬は2階の窓から吹き抜けを通して1階まで日が入る。反対に夏はベランダが日光を遮る。さらに2階と1階北側の小窓をあければ熱い空気が抜け、涼しい空気が入ってくる。冷暖房なしでも室内は15〜30℃に保たれる

知っておきたい電気の話　きほんの　き

まとめ＝編集部

電圧・電流・電力の関係

むかし小学校の理科で習ったことがあるかと思うが、電気を表す基本的な単位は、以下の3つ。

まずは、それぞれの関係をおさらいしよう。

電圧（V：ボルト）

電気を押し出す力。電圧が高ければ、1秒当たりにたくさんの電流を流せる。家庭用の電圧は100V。

電流（A：アンペア）

押し出された電気量。**直流**（DC）と**交流**（AC）の2種類の流れ方がある。直流は常に一定方向に流れ、1.5V乾電池や12V自動車のバッテリーのようにプラス極とマイナス極が固定されている。一方、交流は方向と大きさが時間によって変化する電流のことで、家庭用コンセントの電源は交流100Vになる。

電力（W：ワット）

電流がする仕事の量のこと。洗濯機や掃除機のモーターを動かしたり、ストーブの電熱器から発熱したりするのに必要な消費電力を表わし、以下の公式で計算できる。

電力（W）＝ 電圧（V）× 電流（A）

電力量と消費電力

1Wの電力を1時間使ったときに消費される電力量は、**1Wh（ワットアワー）**という。たとえば、30Wの電球を2時間使い続けると、60Whの電力量を消費したことになる。このように電化製品を動かすときに使われる電力を消費電力という。

8基の太陽光パネルを持つ湯浅直樹さん（p6）の場合は、1日に13万7300Whを発電。うち1万3800Whを自家消費に回している（残りは売電）。一般家庭（4人家族）の1日当たりの平均電気使用量は、1万3100Whといわれているので、自家発電でかなりの電化製品が動かせることになる。

ただし、電子レンジやドライヤー、エアコンなど、電気を熱エネルギーに変えて使う製品は消費電力が大きいので、長時間使用する際には多くの電力を必要とする。

主な電化製品の消費電力

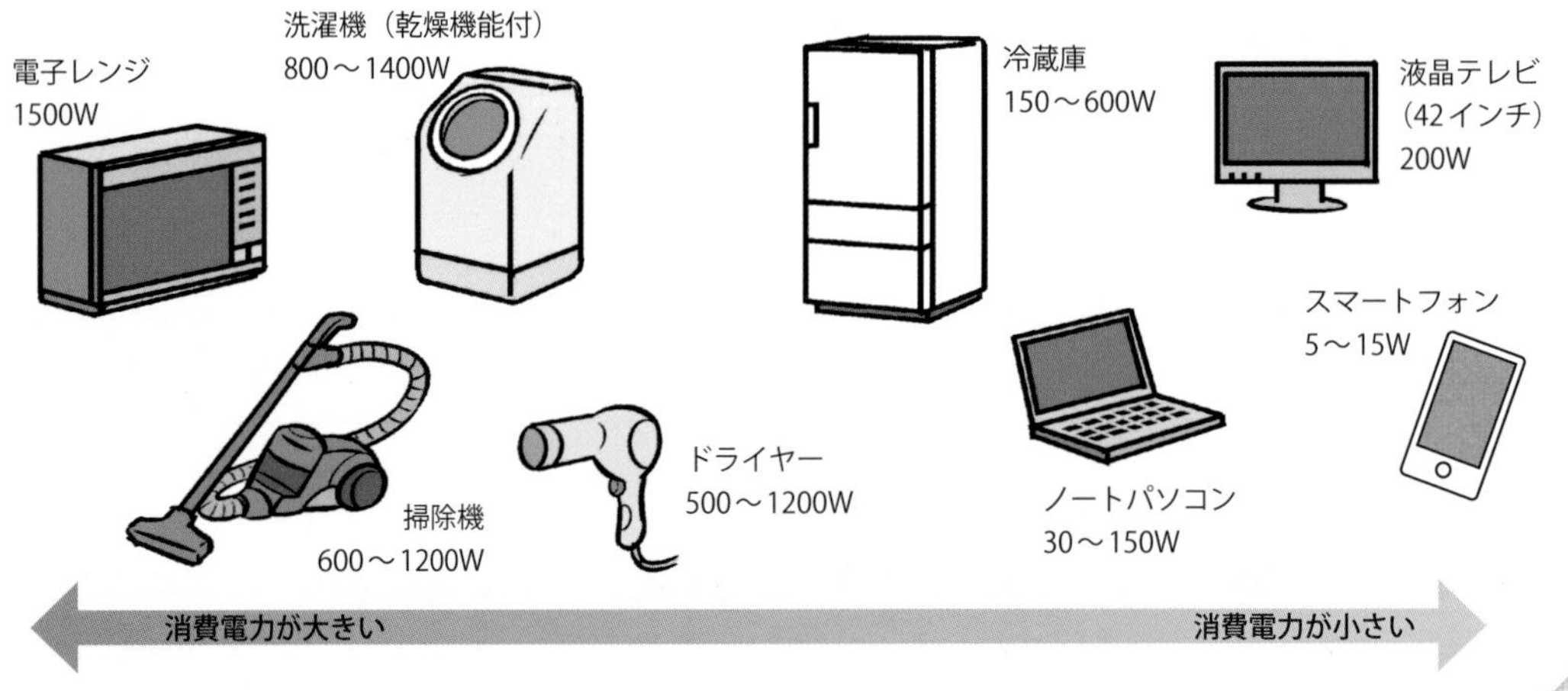

イラスト＝アサミナオ、河野やし

PART 1

太陽の光で電気をつくる・熱に変える

オール電化から電力自給開始で電気に愛着のある暮らし

三栗《みつくり》祐己（北海道札幌市・パーマカルチャー研究所）

筆者と自宅の屋根に付けている太陽光パネル（100W）。幅54cm×長さ121cmと小型だが、地震による停電時に大活躍した

タイで見た自作の水供給システム

2013年、家族で訪れたタイのパーマカルチャーファームで、私は初めて、太陽光発電をオフグリッドで使っているのを見ました。オフグリッドとは、電力会社の電線とは完全に切り離されていて、電力を自給自足している状態のこと。このファームは山奥にあり、水道も電気も通っていませんでしたが、自作の水供給システムがあったのです。

システムといっても非常にシンプルなものです。井戸の屋根の上に太陽光パネルを数枚設置してバッテリーに蓄電。蓄えた電気で井戸のポンプを動かし、50mほど離れたキッチンに水を供給するというわけです。実際、キッチンで水を使わせてもらいましたが、水圧が特に弱いことはなく、蛇口も付いているので、そこだけ見れば村に水道が通っていないとはわからないと思います。

こんなに簡単な方法で水供給システムがつくれること、必要な太陽光パネルやポンプが思ったよりも小さくて済むこと、そして何よりそれを実際に使って暮らしていることに感動してしまいました。

日本に帰ってからもしばらくはその興奮が冷めやらず、自分も太陽光発電をやってみたいと思いました。しかし当時のアパート暮らしでは、パネルを屋根に勝手に設置することなどできません。

７Ｗで始めた太陽光発電

そもそも太陽光発電といえば、一般的には戸建ての屋根に付けるもので、初期費用がとても高いというイメージがありますよね。私もそうでした。しかしいろいろ調べてみると、オフグリッドソーラーはかなり小規模から始められることがわかりました。

タイで見た水供給システム。太陽光パネルの電気で井戸のポンプが動く

私が最初に購入したのは、Ａ４サイズで２万円の太陽光パネルです。アパート暮らしでも、手軽にすぐ使うことができます。最大出力は７Ｗと小さいですが、パネルの裏面で単３電池４本を充電することができます。また、ＵＳＢケーブルをつなげられるので、携帯電話の充電などにも使えます。

さっそく自分の携帯電話を充電してみると「今、通話できるのは、太陽のエネルギーのおかげだ！」と、なんだか誇らしい気分になりました。

月々の電気代が７００円台に

その後、もっと大きな発電をしてみたいと思い、１００Ｗのオフグリッドソーラーシステム一式（太陽光パネル、専用バッテリー、充電コントローラー、直流を交流に変えるインバーター）を６万５０００円で購入。アパートのベランダに設置しました。

各機器の接続には、電気の知識が多少必要になります。ただ通常、販売店からこの４点セットを購入すれば、接続に必要な電線や部品、説明書が付いてくるので、それほど迷うことはないと思います。

設置で苦労したのは、①太陽光パネルのベランダの手すりへの固定、②バッテリー、コントローラー、インバーターの収納、③屋外の太陽光パネルから室内への配線（アパートの壁に穴はあけられないので、苦肉の策で換気口の隙間から配線を通しました）の３つです。

このオフグリッドソーラーシステムでつくった電気は、５Ｗの小さな照明はもちろん、スマホやノートパソコンの充電（40Ｗ）、キッチンの照明（10Ｗ）などに使うことができました。インバーターの上限が１５０Ｗだったので、テレビや扇風機も動かすことができます。

ただし、それで浮く電気代は大したことありません。頑張って月々２００円程度でしょう。それより、ソーラーシステム導入の一番のメリットは、家で使う電気を強く意識するようになったことです。わが家は月々どれくらいの電気を使っているのか、どれくらい電力会社に依存しているのか、よく考えるようになりました。そして、ゲーム感覚で電気代を減らしていく実験を始めました。

オフグリッド太陽光システムの概念図

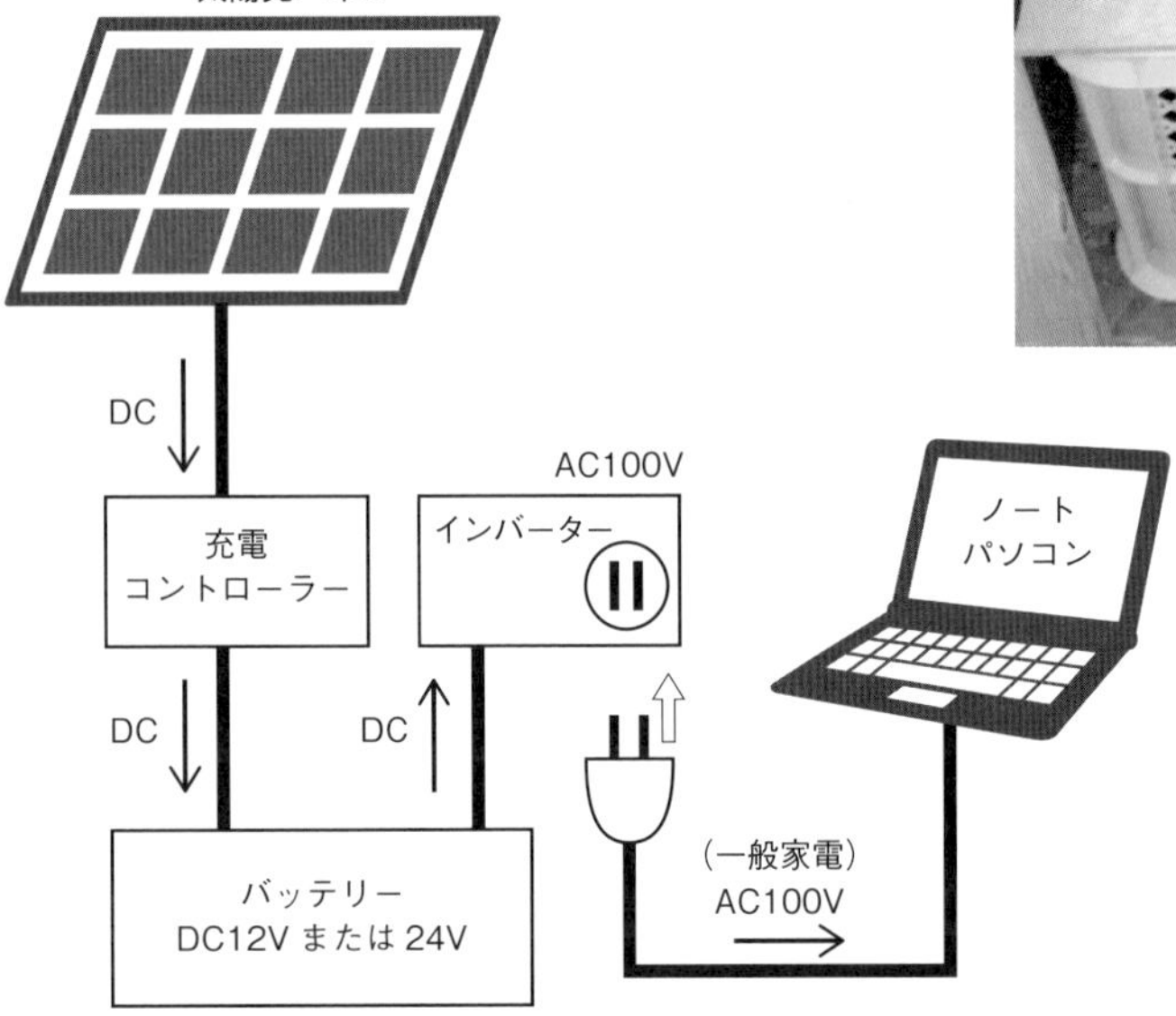

太陽光パネルの電力は充電コントローラーによってバッテリーに貯められ、インバーターを通して直流（DC）12Vもしくは24Vが交流（AC）100Vに変換されて、一般の家電に送られる

オフグリッドソーラーシステムの機器一式

まずは電子レンジやドライヤーの使用をやめ、次に炊飯器、ついには冷蔵庫も手放しました。そこまでやると、４人家族の月々の電気代を７００円台まで減らせます。かつて、東京電力に勤めていた頃に住んでいたオール電化の社宅時代は、月の電気代が約８０００円でしたから、１割以下です。

さぞかし不便になると思いきや「こんなに電化製品がなくても生きていけるんだ！」という自信に満ちた、誇らしい暮らしが待っていました。

停電時にオフグリッドが大活躍

２０１８年8月に札幌の山奥に移住し、現在の山暮らしを始めました。それから1カ月も経たない9月6日、北海道胆振東部地震が発生。全域にわたってブラックアウトが起きたのです。

幸い地震による被害は軽微でしたが、わが家は2、3日間、電気が来ませんでした。このときに活躍したのも１００Ｗのオフグリッドソーラーシステムです。お陰で停電中も照明やスマホ、パソコンなどを使うことができ、それほど不便な思いをすることはありませんでした。

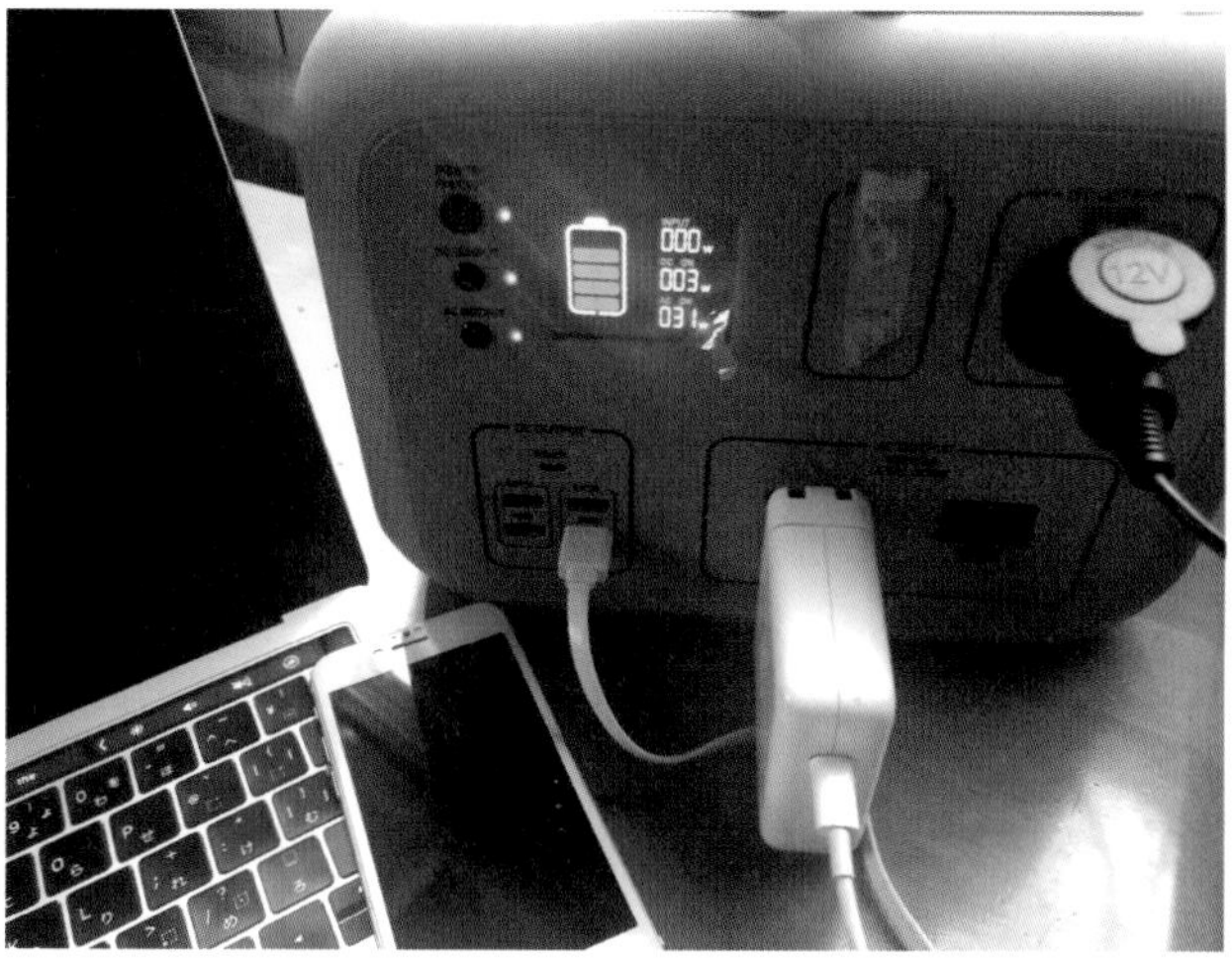

太陽光パネルの電気を蓄えるポータブル電源（PowerArQ2）。出力300W、蓄電量500Wh、コンセントやUSBケーブルにつないで、パソコンやスマートフォンを充電する

ポータブル電源では使えない家電（一例）

掃除機（1,000W程度）、ドライヤー（1,200W程度）、電子レンジ（600W以上）、炊飯器（300W以上）、冷蔵庫（100～300W程度）など

現在は、主に100Wのソーラーパネル1枚と、新たに購入した「ポータブル電源」（5万9800円）を組み合わせて使っています。

このポータブル電源がたいへん便利。先述のバッテリー、コントローラー、インバーターの3つの機能が1台で内蔵されており、太陽光パネルをケーブルで接続するだけでオフグリッドになります。また、コンセントやUSBポートが付いているので、通常の電気を使うのと変わらない感覚で使うことができます。

自分の電気には愛着がある

オフグリッドソーラーには大きな電力をつくり出すことができないという弱点があり、照明やノートパソコンの充電など、使用電力のごく一部しか賄えません。現在、わが家は北海道電力の電力がメインで、引っ越して冬場の光熱費が増えたため、電気代は月々1500円ほどに増えてしまいました。

しかし、わずかでもエネルギーを自給できることに、ささやかな喜びを感じています。節電で得られるのは、ケチケチしたマイナスのイメージではなく、楽しさです。皆さんが家庭菜園をするのは、野菜を買わずに済むからという以上に、自分でつくったものを食べることに喜びを感じるからだと思います。

ほんの数年前まで、太陽光発電は電気の知識がないと難しいというイメージがありました。でも、ポータブル電源が手頃な価格で手に入るようになってきたため、ハードルがかなり下がって来ています。在宅ワークなどの時間を、太陽光の電気とともに過ごしてみるのはいかがでしょうか。きっと、今まで感じたことのない感動を味わえるはずですよ。

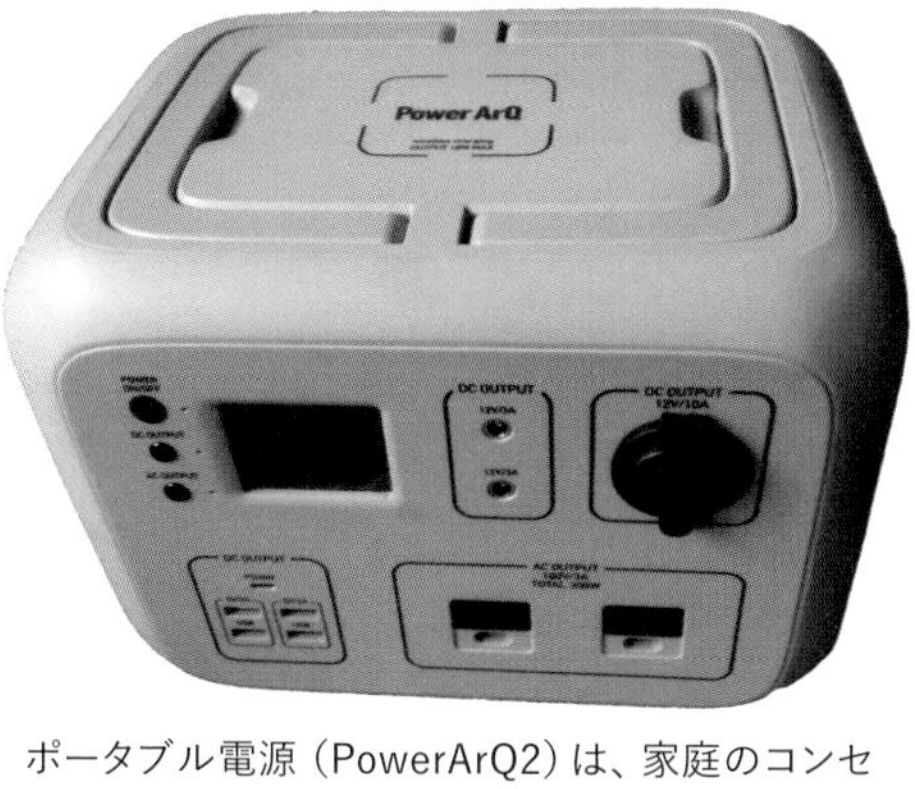

ポータブル電源（PowerArQ2）は、家庭のコンセントからも充電可能。500Whの蓄電能力で、テレビや居間の照明など100Wの消費電力の機器を約5時間動かせる。価格は税込5万9800円

「わがや電力」論——100W暮らしのすすめ

小崎悠太（鹿児島県日置市・ダイナミックラボ）

インフラ契約をしない「てー庵《あん》」の始まり

2015年当時に、私が暮らしていた鹿児島県南さつま市の長谷《ながたに》集落は、高齢化率が80％を超える最奥の地だった。最奥とはいっても、街まで車で20分、鹿児島中央駅までは40分、空港まで50分。近頃の最奥は便利なもので、空港への直通バスが日に8本ある。わが家の家賃は年間で1万円。水源付きで水道代はかからない。車の騒音もなく、集落の中心には「稚児《ちご》の滝」というささやかな滝まである。

私の本職はヒッピーだが、収入源は執筆、写真撮影、ウェブ制作、電力自給のワークショップなどであり、仕事が居住地に縛られないのも幸いした。年間1万円の家賃であれば、仕事が減ったところで痛くも痒くもない。木々に飲み込まれた築43年の空き家を借り受けて始まった長谷生活。それは、インフラ契約をしない娯楽的な暮らし、低支出・低収入・低負荷の家「てー庵」の始まりでもあった。

身の丈に合った電力規模を知る

水道、ガス、電気のインフラを契約しなかったのは、問題を解決するのはいつだって自分自身から、という想いから。そう考えるようになったのは、2006年、青森県六ヶ所村に一年間住んだことに起因する。六ヶ所村は日本中の使用済み核燃料が集まるところだが、私はそのことをよく知らぬまま、環境NPOのスタッフに連れられて六ヶ所村に遊びに行った。そして、ある農家の家で昼ご飯をいただいたときのこと。23歳まで横浜で生まれ育った私は、恥ずかしながらその瞬間まで、ハクサイがこんなに甘いものだとは知らなかった。このハクサイのおいしさによって、私は移住を決めた。

翌月には六ヶ所村に住み始め、エネルギーの問題を学び、様々な人に出会うようになった。そして次第に、六ヶ所村は「現場ではあるが、渦中ではない」ことに気づいていった。というのも、六ヶ所村は、大量消費、中央集権の末端でしかない。ここでデモをしようが、議論をしようが、再処理というプロセスを進めている渦中には近づけないのだ。では、渦中とは一体どこにあるのだろう。東京だろうか？　霞ヶ関だろうか？　否、渦中とは自分自身であり、あなた自身なのだ。自分が電気を買う限り、六ヶ所村は使用済み核燃料を搬入し続ける。その仕組みを変える自分なりの答えを、私はずっと模索してきた。そうして8年をかけて導き出した答えは、以下の通りである。

まず、現在の日本は「消費電力について議論せず、発電方法ばかり議論する」状況である。おカネでいえば「支出を知らずに、収入ばかり増やそうとする」といった状況で、これは有限なる人生と地球の上では、合理的とはいえない。次に、おカネにしてもエネルギーにしても、自分の消費量を知らずに、需要と供給のバランスを取ることはできない。食品を買うときに使われた添加物や農薬を気にするように、電化製品を買うときにも消費電力（ワット）を気にする必要がある、と思い至った。

とはいえ、ワット数といわれても直感的にわかる人は少ないかもしれない。参考までに私の場合は、人間が発電自転車のようなものを一生懸命こいだとき、発電できる電力はせいぜい１００W。よって、１００Wを超える家電は身の丈を超えるエネルギーを使う、を基準と考えている。

身の丈の電力規模が腑に落ちる人が増えれば、おそらく一人暮らし世帯は、後述する「わがや電力」で十分賄える。必要なのは、さらなる発電方法ではなく、ヒトとエネルギーの最適化なのだ。電気も、水も、ガスも、石油も、全部自分のことに帰結する。外交や経済の話ではなく、責任も恩恵も喜びも、全部自分で引き受けられる。せっかく享受できるこの楽しさを、誰かに託してしまってはもったいない。

ヒッピーが極まればハッピーになる

私の暮らすてー庵は、水は山水、調理はロケットストーブと薪による煮炊き、電気は合計３１０Wのソーラーシステムの3点セットで、最終的には家族6人暮らしを賄えた。この規模の独立電力＝「わがや電力」に必要な設備投資は、たかだか10万円ほど。ポイントは一般的な家庭用電源の規格である交流１００Vに変換せず、直流12Vもしくは24Vで使うこと。直流12Vであれば資格もいらず、ほとんどのカー用品（携帯電話の充電器、車載掃除機、扇風機など）を使うことができ、蓄電用のバッテリーはリサイクル品で安価に買うことができる。

照明は、明るい電球色LEDを7部屋に計11灯（3・6W×7個、1・2W×4個）使っても、30Wの電球1個と同程度の電力で済む。他の家電も低消費電力のものと、カー用品で揃え、電気である必然のない熱源は薪炭に頼っている。一例をあげると、アイロンは昔ながらの鉄の炭アイロン。暖房器具は薪ストーブ、もしくはコタツに火鉢と豆炭2個を入れれば、5時間は充分に暖かい。冷凍庫は氷がほしいときのみ使い、日常的に手に入るアナグマ、イノシシ、シカ肉はスモークにして保存する。これが美味で、おカネを出しても買いたい、という人まで現れた。

てー庵の暮らしは着実におカネが貯まっていく。いいものを食べ、仕事のノルマもなく、貧しくもない。暮らしのすべてを自分で試すことは、生きることの贅沢だ。私が知る限り、ヒッピーが極まるとハッピーになるのだ。

こざき・ゆうた
1983年、神奈川県生まれ。通称、テンダー。著書に『わがや電力――12歳からとりかかる太陽光発電の入門書』ヨホホ研究所、2015年。
ダイナミックラボ 代表　https://sonohen.life

「太陽光で電気を つくる・貯める・使う」の基本

まとめ＝編集部　　イラスト＝アサミナオ

でも、光が当たるだけでどうして電気が生まれるの？

太陽光パネルの仕組み

モーターを動かすわけでも、何かを燃やすわけでもないのに、電気をつくってしまう太陽光パネル。その秘密は、パネルの中の太陽電池に使われている、シリコンなどの「半導体」にある。２種類の半導体が層状に重なっており、光が当たった瞬間に電子が飛び出す仕組みになっている（光電効果）。マイナス（電子）はn型シリコン側へ、プラス（正孔）はｐ型シリコン側へ移動するために２つの電極ができ、電線をつなぐと電流が流れる。これが「発電」。

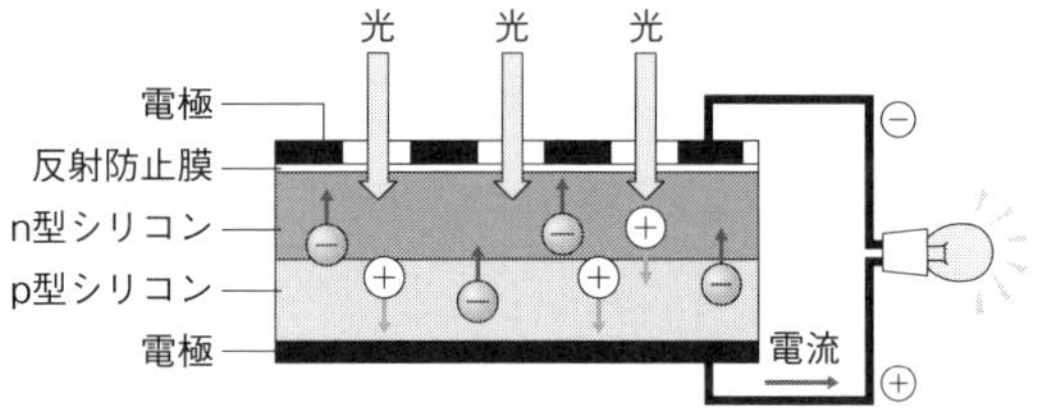
光
光
光
電極
反射防止膜
n型シリコン
p型シリコン
電極
電流

■ パネルにかかる影に注意

ただし、パネルにかかる影には注意が必要。６枚の直列回路でつながっている太陽電池のうち１枚でも木などの影などに隠されたり、汚れてしまうと、その列全体の発電が止まる。

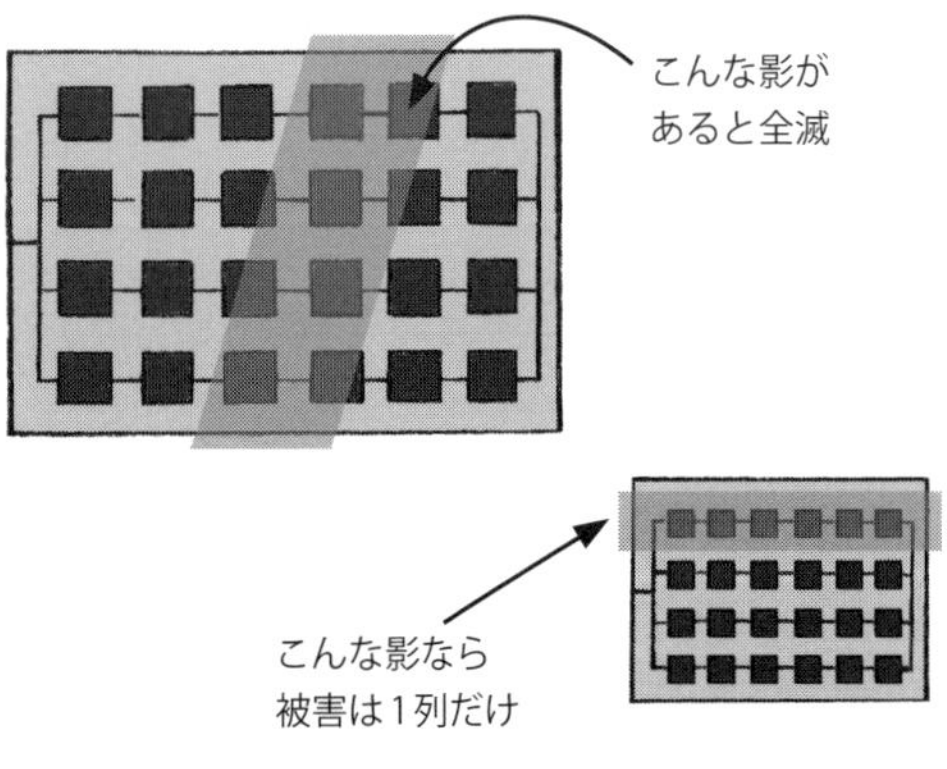
こんな影があると全滅
こんな影なら被害は１列だけ

パネルはどう置く？

■ 光の方向に90度に向けるのが効果的

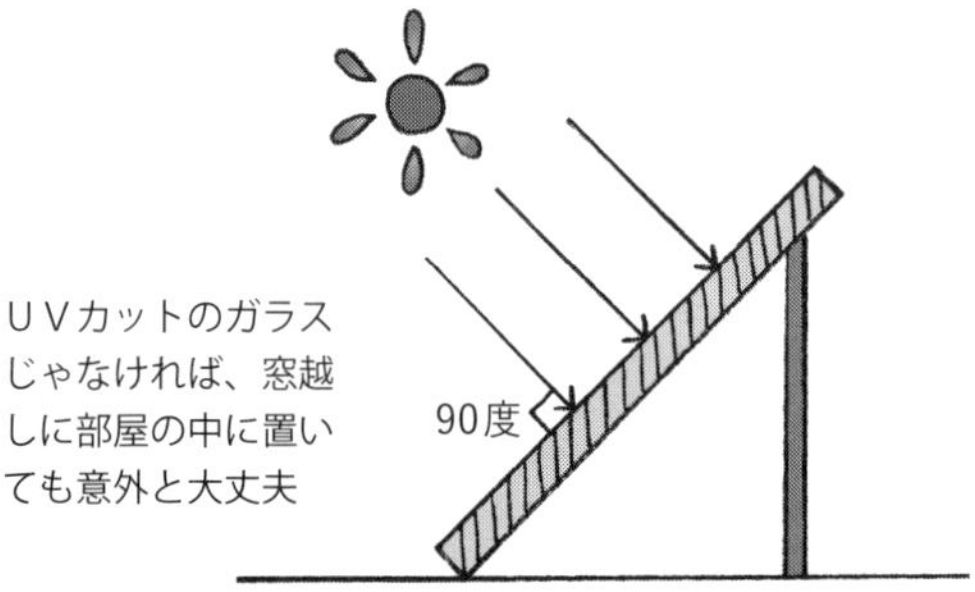
ＵＶカットのガラスじゃなければ、窓越しに部屋の中に置いても意外と大丈夫
90度

直流!?　交流!?

太陽光発電がつくる電気は直流（DC）。一方、電力会社から家庭に流れて来る電気は交流（AC 100 V）。送電線で遠くまで電気を送るには交流のほうが安定するからだ。家庭の電気製品も、おおむね100Vで使えるようになっている。

しかし、ACアダプターが付いているようなものは、本当は直流で動く。インバーターでいったん交流にして、ACアダプターでまた直流にするよりは、直流のままつないだほうが、ロスが少ない。シガーソケットはそのためのもの。

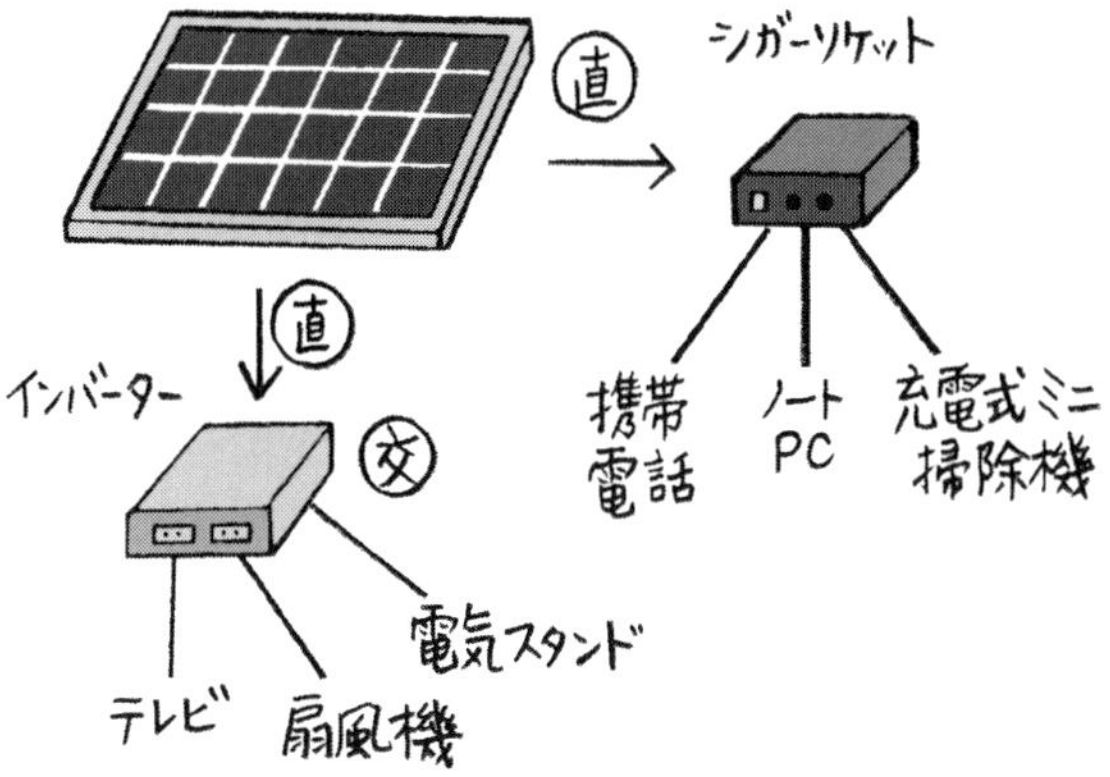

停電時も電気は使える？

昨今の自然災害などでインフラが停止した際には、太陽光発電は頼れるものとなる。

しかし、ここで気をつけなければいけないのが、停電時に自動的に止まってしまうパワーコンディショナー。

まず、太陽光発電用のブレーカーをオフにし、自立運転スイッチを押してオンにする。あとはパワーコンディショナーに付いている停電用コンセントを使えばいい（ただし、使える電力は1.5kWまで)。

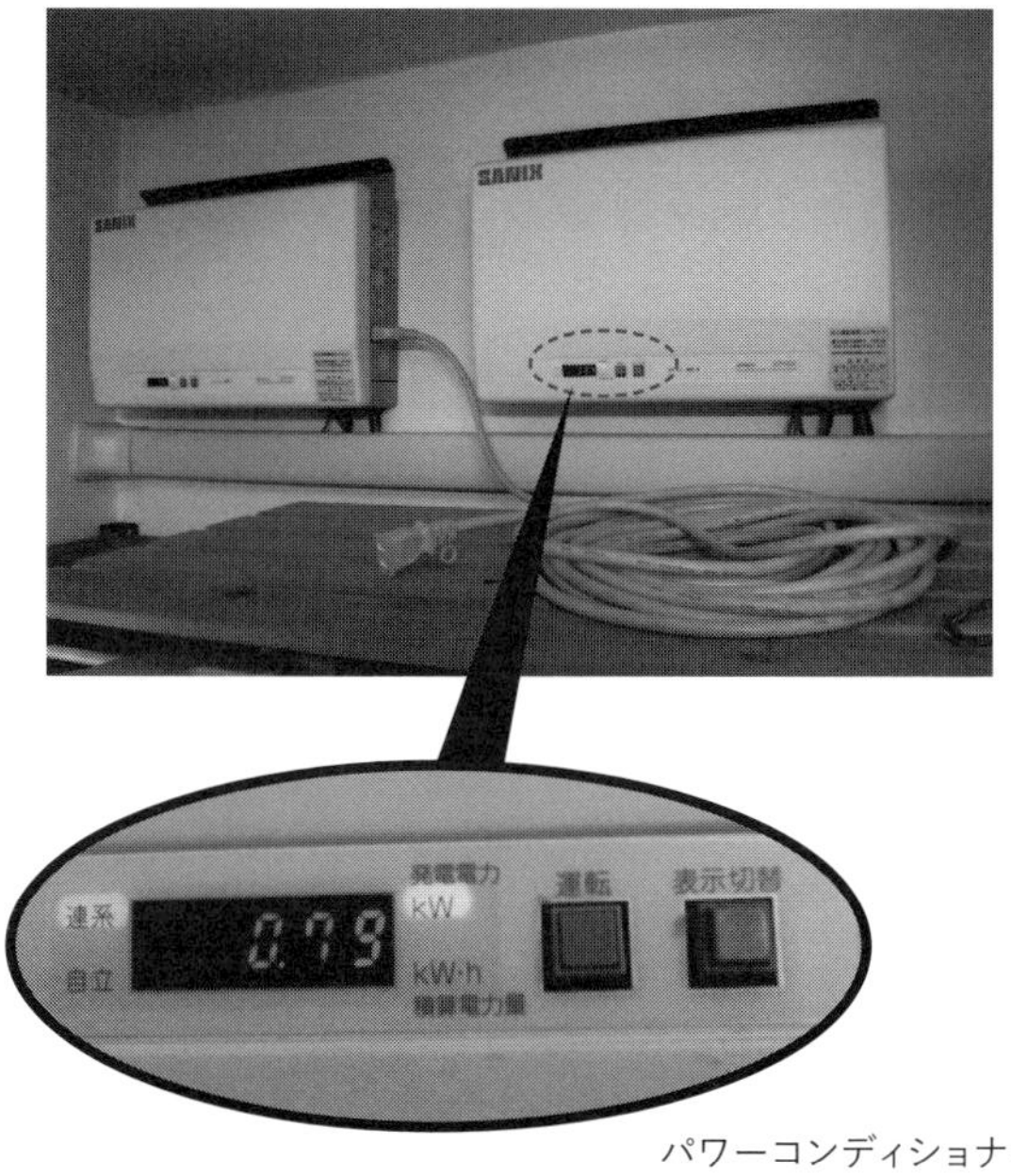

パワーコンディショナーのボタンを押して、連携から自立運転モードに切り換える　　写真提供＝角広 寛

ミニ太陽光発電システムをつくる

今回、編集部でも、三栗さん（p12）と同じ、電力会社の電気とは連携しない「独立型」のミニ太陽光発電システムをつくってみた。実際に5つの機器をつないでみると、電気を「つくる・貯める・使う」がわかるようになる。

ミニ太陽光発電システム

すべて集めてもこんなにコンパクト！ これくらいなら、ベランダや縁側、窓際など好きなところに置けそう

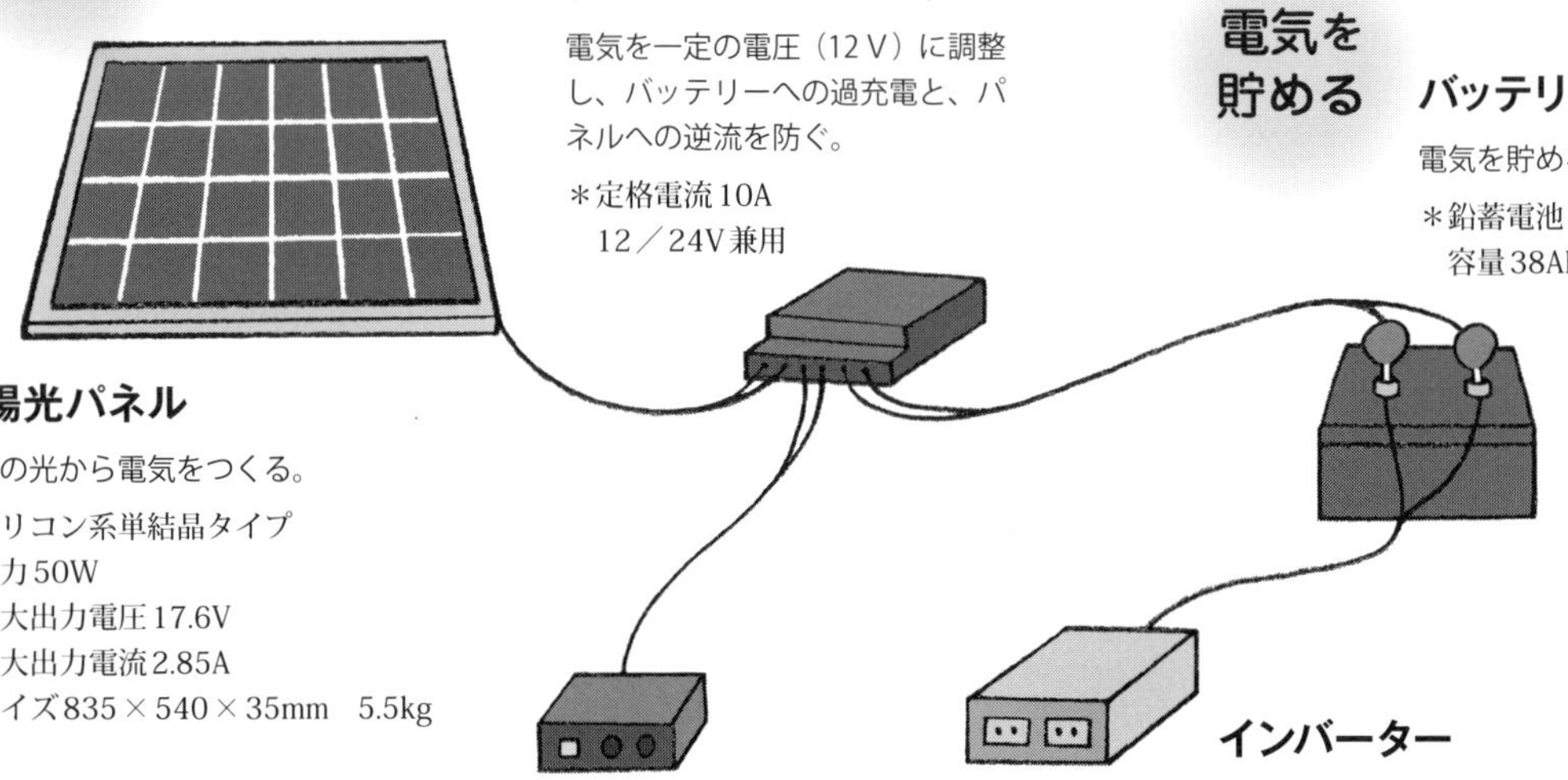

電気を
つくる

太陽光パネル

太陽の光から電気をつくる。

＊シリコン系単結晶タイプ
出力50W
最大出力電圧17.6V
最大出力電流2.85A
サイズ835×540×35mm　5.5kg

チャージコントローラー

電気を一定の電圧（12Ｖ）に調整し、バッテリーへの過充電と、パネルへの逆流を防ぐ。

＊定格電流10A
12／24V兼用

電気を
貯める

バッテリー

電気を貯める。

＊鉛蓄電池12Vタイプ
容量38Ah／20Hr

シガーソケット

直流で使う電気製品をそのままつなげる。あると便利。

＊2連シガーソケットUSB付き

電気を
使う

インバーター

バッテリーの電気（直流12Ｖ）を一般家庭のコンセントと同様の電気（交流100Ｖ）に変換する。

＊定格出力280W

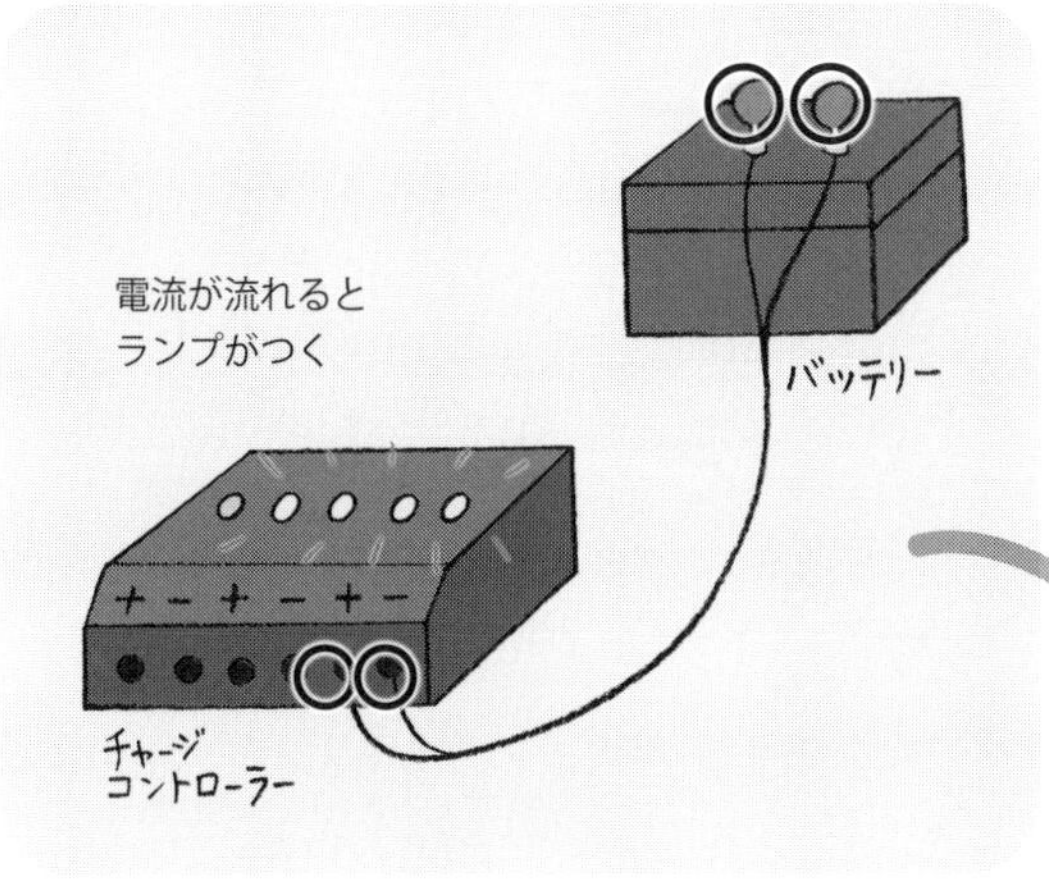
電流が流れると
ランプがつく
バッテリー
チャージ
コントローラー

システムを組み立てる

……といっても、それぞれの機器の配線を順番につなぐだけ。

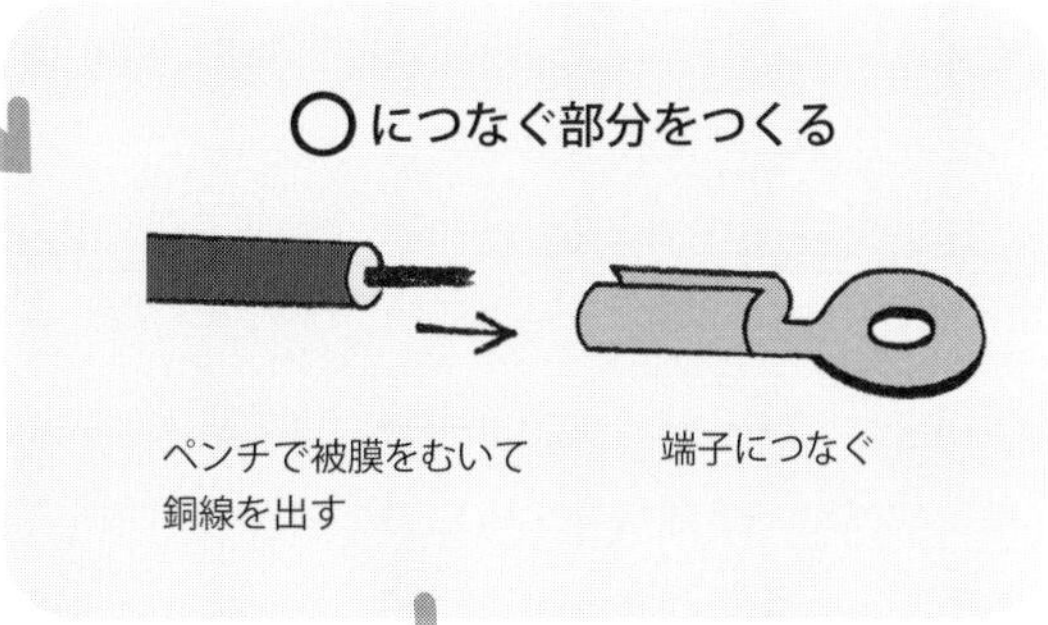
○につなぐ部分をつくる
ペンチで被膜をむいて
銅線を出す
端子につなぐ

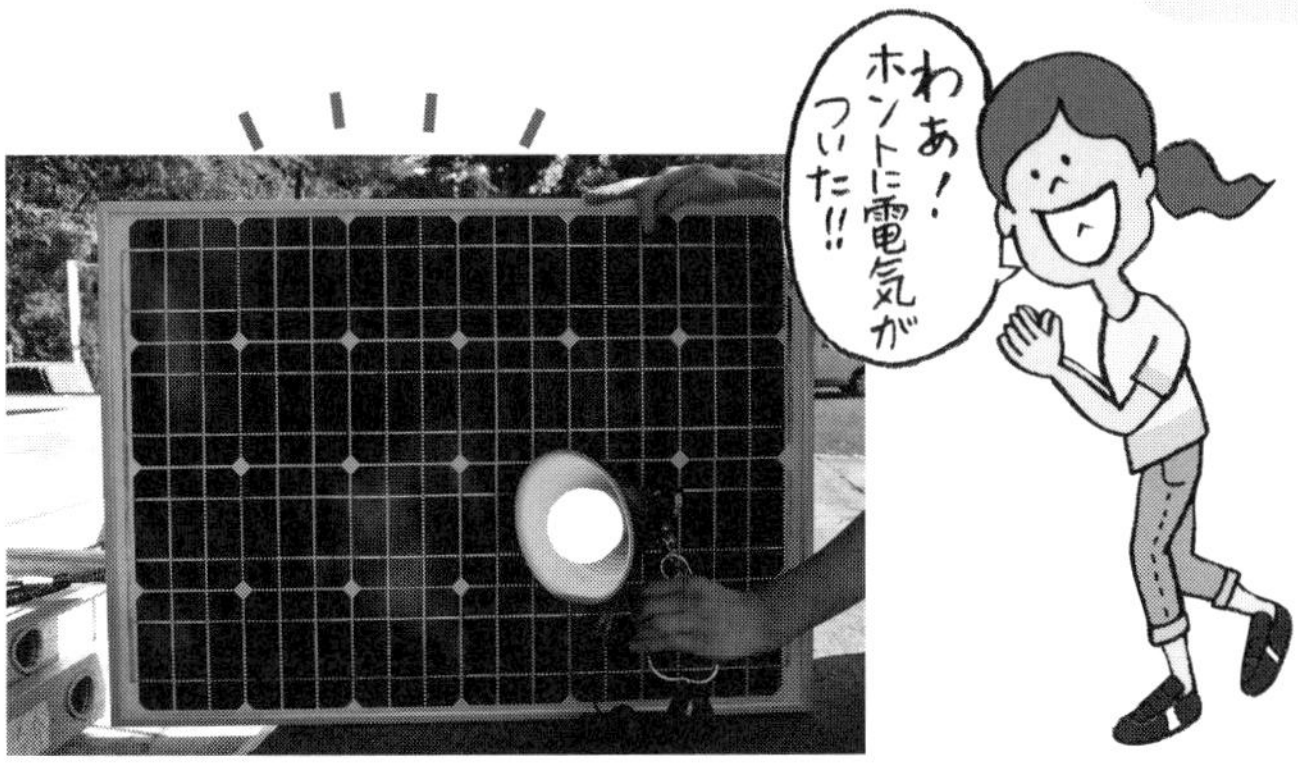
わあ！
ホントに電気がついた!!

このシステムはどれくらい使える？

バッテリーを長持ちさせるためには、使用は容量の半分くらいまでに抑えておきたい。今回のバッテリーの最大容量は、12V×38Ah＝456Wなので、200～250Wが使用の目安。

使用できる家電と使用時間

	消費電力	使用可能時間
ノートパソコン	50W	4～6時間
32インチ液晶テレビ	80W	3～4時間
空気清浄器	70W	3～4時間
扇風機	100W	2～3時間
蛍光灯	20W	10～15時間
掃除機	1300W	動かない
ドライヤー	1200W	動かない

定格出力280Wのインバーターを使用

蓄電池の容量は
38Ahということは……

オフグリッドソーラーに必要な機器たち

南澤 桂（ネクストエナジー・アンド・リソース㈱）

単管パイプで足場を組んで太陽光パネルを固定。設置場所は屋根である必要はない

オフグリッドソーラーシステムの概要

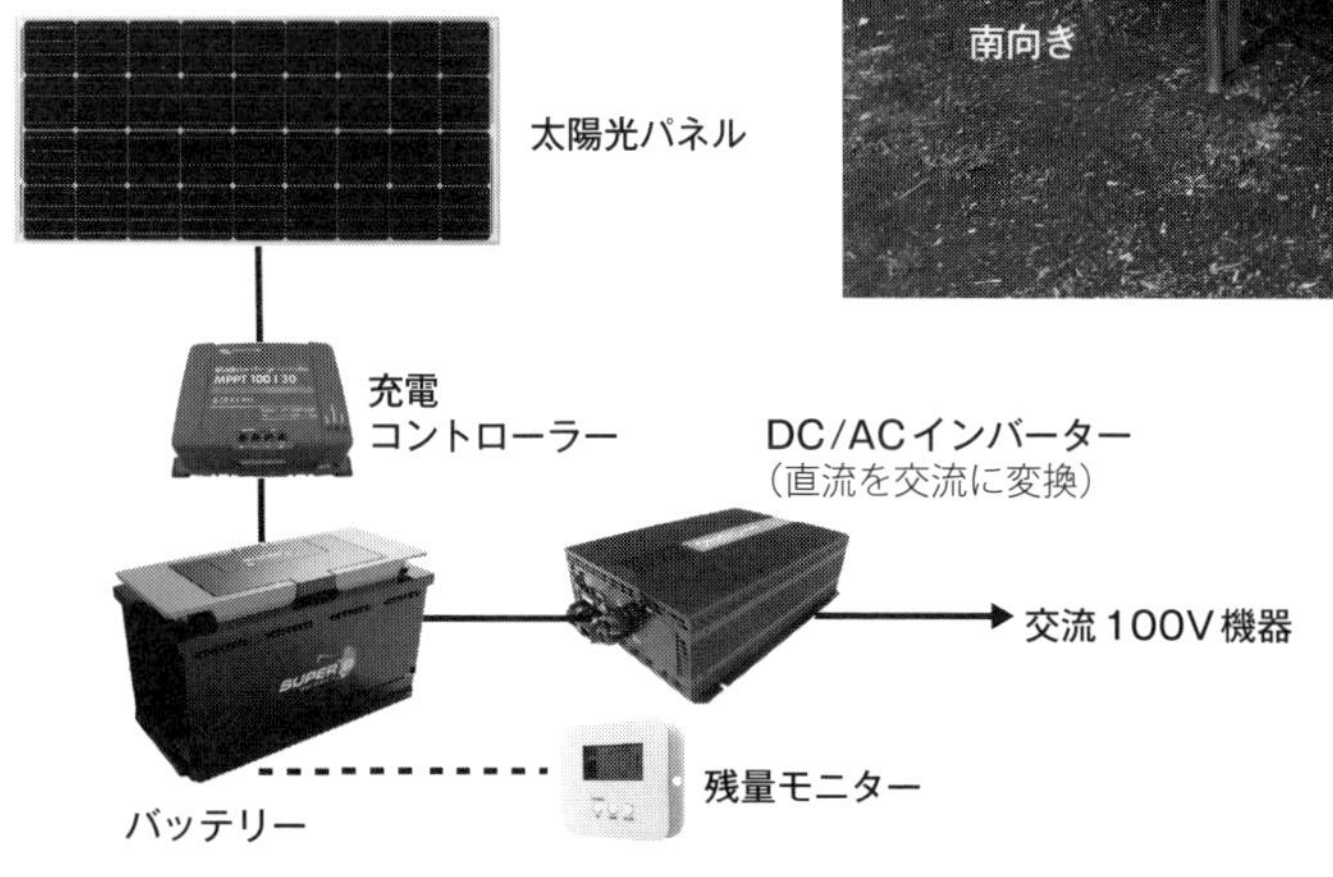

ネクストエナジー・アンド・リソース㈱が運営するウェブサイト「オフグリッドソーラー」では、太陽光発電による自立電源システムの相談、設計見積もり、機器販売を行なっており、これまでに3万件を超える導入に関わってきました。

ビニールハウスや作業小屋、かん水ポンプ、照明、トラクタのバッテリー上がり防止、獣害対策の電気柵など、電気がない場所で少しの電気がほしい――。そんなシーンで役立つのが、太陽光を利用した手づくりの発電システム（オフグリッドソーラーシステム）です。以下、必要な機器を紹介します

▼太陽光パネル 太陽光から直流の電気を発電。木や電柱の影がかかると発電への悪影響が大きいので、周囲の状況や日の当たり方を確認し、南向きに20～30度の角度で設置する。

▼充電コントローラー 発電した電気をバッテリーへ適正に充電制御する。接続できる太陽光パネル、充電方式やデータ表示機能の違いから数多くの種類がある。

▼バッテリー 電気を蓄電しておく。自動車などのスターターバッテリーと異な

**ウェブサイト「オフグリッドソーラー」で
一番よく売れているセットの例**

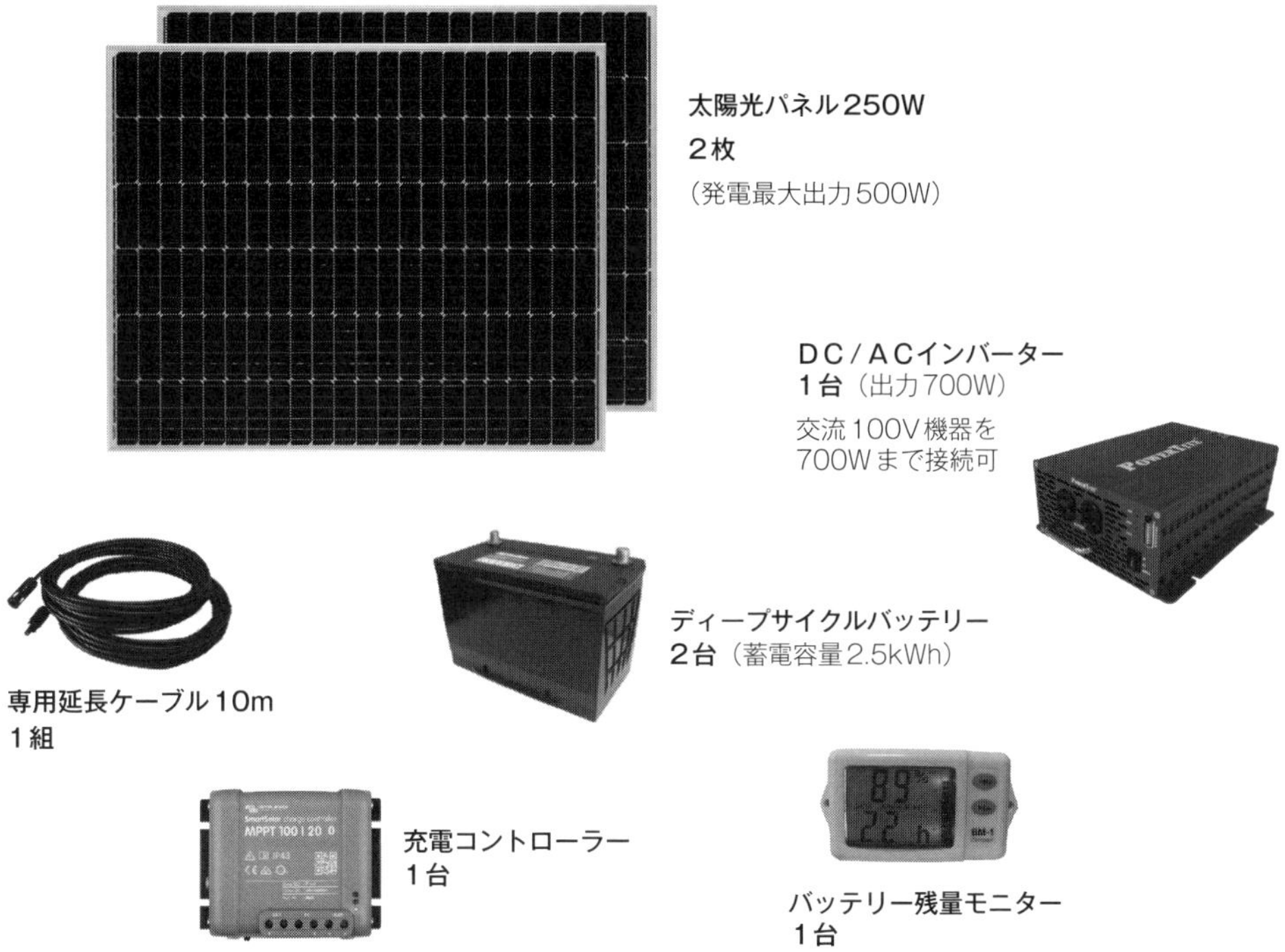

その他
機器間接続ケーブル一式

オフグリッドソーラー500

価格：32万7800円（税込）

発電量500W　晴天時電力使用目安1200Whのシステムセット。消費電力100Wのテレビが12時間程度使える。

◎要望に応じてシステムの計算や機器の選定を行ない、機器どうしをつなぐ電源ケーブルも一緒にお届けします。
http://offgrid-solar.jp/ TEL0265-98-6804

り、長時間かけて充電、放電を繰り返すためにディープサイクルバッテリーを使う。最近は鉛バッテリーでなく、寿命・交換のサイクルが長く大電流の出し入れができるリチウムイオンバッテリーが主流となってきた。

▼DC／ACインバーター　太陽光パネルやバッテリーの直流の電気を、一般に使われる交流100Vの電気へ変換する。接続する電気製品の消費電力やポンプなどの起動電力を見ながら、対応できる機種を選ぶ。コンセントの差し口が付いており、100V電気製品をそこに接続して使うことができる。

機器どうしはドライバー1本で接続できます。あとは、太陽光パネルが風で飛ばされないように単管パイプなどで固定し、機器類は雨風に当たらない所へ収納すればおおむね完成です。

自立した発電システムは、災害などで電力会社が停電してもそのまま非常用の電気として使うことができます。家族が集まるリビング一部屋分の電気を非常用も兼ねて自立電源にしてみるとか、本格的なシステムをつくって住宅全体の電気を賄うなど自在につくれます。

図解

卒FITで蓄電時代がやって来る

まとめ＝編集部

通称「2019年問題」。2009年に始まった住宅用太陽光発電のFIT買い取りが、19年11月以降、順次10年の買い取り期間を終えていく。期間終了後は、買い取り価格は大幅に安くなるものの売電は可能だが、蓄電して自家消費するという選択肢もある。

固定価格買取制度（FIT）って何？

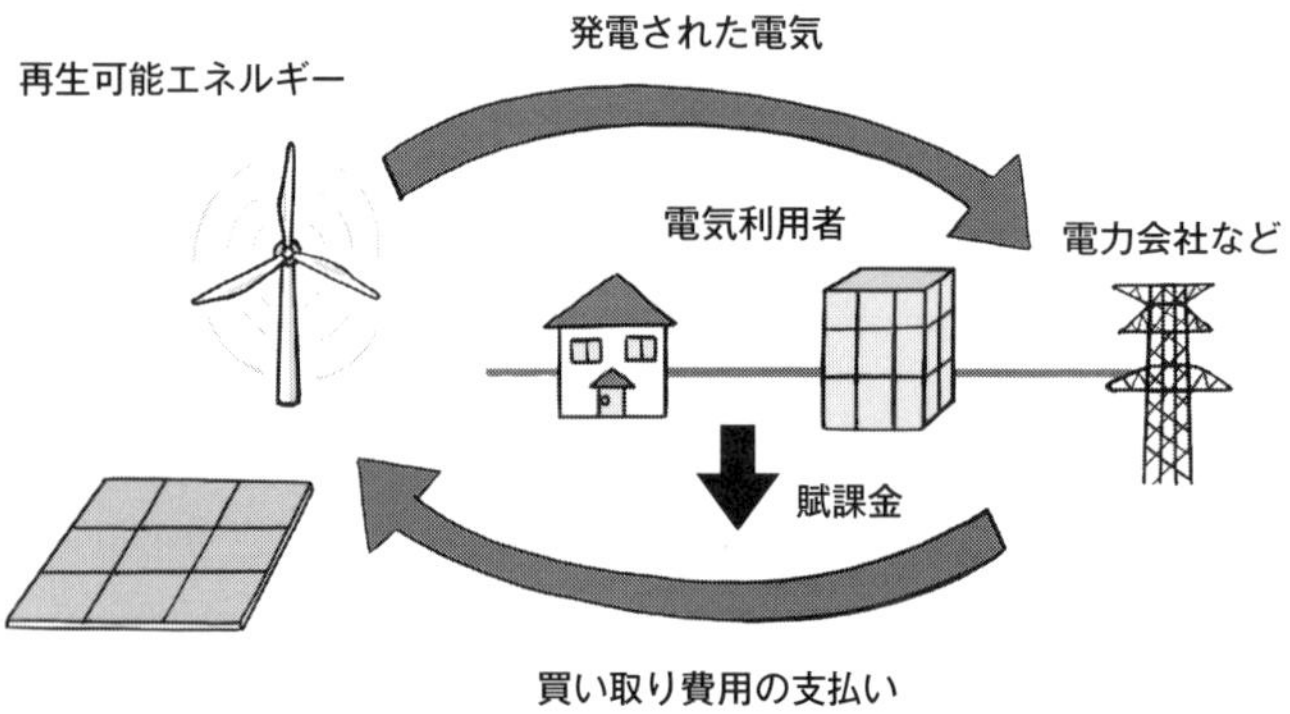

自然エネルギー（再生可能エネルギー）による電気を、一定価格で一定期間買い取ることを国が約束。電力会社が買い取る費用の一部を電気使用者から賦課金という形で集め、コストの高い自然エネルギーの導入を支えていく制度。

買い取り価格や期間は発電方式・出力によって変わる。住宅用太陽光（10kW未満）の買い取り期間は10年で、買い取り価格は太陽光パネルの価格低下とともに年々下がっている。

テスラ・パワーウォール

蓄電池の性能が高く、他の製品に比べて1kWh当たりの価格が安い。屋内外で床置きでも壁掛けでも設置できる。

蓄電容量：13.5kWh/最高出力：7kW（ピーク）・5kW（連続運転）/価格：82万5000円（税別）

FITを卒業する住宅用太陽光発電の推移（累積）

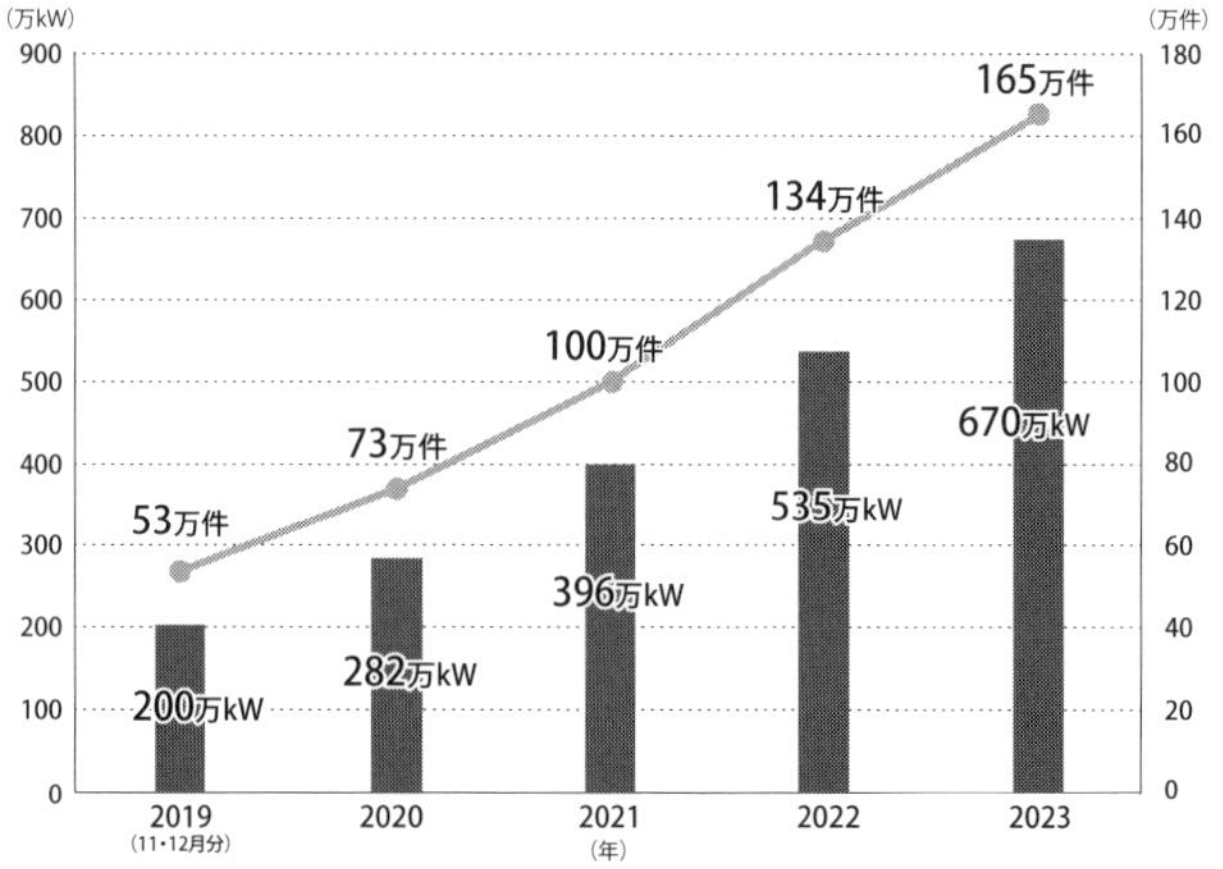

（資源エネルギー庁の資料より）

自家消費には家庭用蓄電池が必要

家庭用蓄電池は、ノートパソコンやスマートフォンと同じくリチウムイオン電池が使われており、充電・放電を繰り返すことができる。売電価格が20円を切るなか、電力会社から買う電気は25～30円するので自家消費という発想が出てくる。

メーカーや販売業者は、電力会社から価格の安い夜間の電気を購入・蓄電して、朝夕など太陽光の発電量の少ない時間帯の電気代を減らすという使い方をすすめている。

パワーコンディショナー
太陽光パネル用の他に蓄電池用のパワーコンディショナー、もしくは太陽光パネルと兼用のハイブリッドパワーコンディショナーが必要。価格は数十万円程度

蓄電池
家庭用蓄電池の容量は数kWh～10kWh程度
最大出力は1.5～3kW程度

家庭用蓄電池の能力はどれほど？

消費電力1.2kW（1200W）の掃除機を1時間使用したときの消費電力量は——

1.2 kW ×1h = 1.2 kWh　となる。

一般家庭の1日の消費電力は8～9kWhといわれるので、容量10kWhの蓄電池なら、ほぼ1日分の電気を賄える。また、出力4kWの太陽光パネルの場合、1日の発電量は12.5kWh程度。容量10kWhの蓄電池があれば、夜間に使う電気を蓄電することで、電力会社から購入する電気はほとんどなくて済みそうだ。

＊家庭用蓄電池の購入に対して、県・市町村などによる数万円～20万円程度の補助金が利用できる地域もある。

イラスト＝河本徹朗

どんな蓄電池があるのか

ニチコン・ポータブル蓄電システム

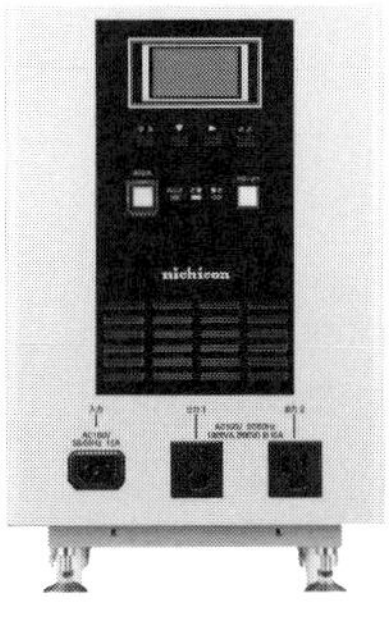

取り付け工事不要、届いたその日から家庭用コンセントに差して使える。マンションでも設置可能。スマートフォンはもちろん、照明なら約40時間、冷蔵庫は約45時間使える電気を蓄えられる。

ESS-P1S1
蓄電容量：2kWh/最大出力：約800W/入出力電圧：AC100V/希望小売価格：55万円（税別）

心がトクする蓄電池の取り入れ方

高野雅夫（名古屋大学大学院環境学研究科教授）

2019年問題とは何だったか

2019年夏は、私が住んでいる岐阜県の山間地域でも台風に伴う停電に2回見舞われました。私の家は井戸水を利用しており、ポンプで給水しているので、停電すると水が出なくなってしまいます。たまたま小さな太陽光オフグリッドシステムをつくっていたところだったので、これでバッテリー（蓄電池）に充電していた電力で無事ポンプが作動し、わが家は事なきを得ました。

このような家庭にバッテリーがある暮らしがこれから少しずつ普及していくものと思います。そのきっかけとなったと思われるのが「2019年問題」です。

2009年、家庭用太陽光発電の余剰電力の買い取り単価が倍増して42円／kWhとなり、これで余った電気を10年間の契約で電力会社に売って利益を出すことができるようになりました。その最初の契約期限が2019年にやって来ました。この契約期限が過ぎてからは、電力会社の買い取り単価は7～9円／kWhになり、売電利益はぐんと下がっています。

蓄電して使えばトクか？

だとしたら、今まで電力会社に売っていた分をバッテリーに貯めて自宅で使ったほうがトクではないか、という考え方が出てきます。電力会社から買う電力は1kWh二十数円で、売る単価よりもよっぽど高くなるからです。

しかし、そのためにはバッテリーを新たに購入する必要があります。仮に電気を買う単価が25円／kWh、売る単価が10円／kWhだとしたら、「元が取れる」でしょうか？

ごく大ざっぱな見積もりをしてみましょう。たとえば、比較的安価な家庭用バッテリー・テスラのパワーウォール（p24）の場合、充電容量は13・5kWhで価格は80万円ほどです。1日10kWhの電力量を充電・放電して使うとして、1年で3650kWh。これに25－10＝15円／kWhの利得単価を掛けると、バッテリーを導入したことで年間5万4750円ほど「トクをする」ことになります。

バッテリーは10年保証なので、10年分の利得は約55万円。それに対してバッテリーの購入費用は80万円ですので、「元を取る」のは無理です。

電気自動車を買う？

別の考え方として電気自動車を導入し、昼間余った電気を使って充電しようというものがあります。

この場合は、電気自動車のコストをどう考えるかという問題になります。ガソリン車に比べて価格が倍程度の電気自動車を導入し、その差額分をソーラーシステム追加のコストと考えると、これで「元が取れる」ことはありません。

ただ、電気自動車のコストはソーラーシステムのコストではなく、あくまで自動車を持つということのコストとして考えれば、ソーラーシステムに「タダで」バッテリーが付くわけですから、有効といえば有効です。

屋根上発電は家庭菜園に似ている

そもそも家庭で太陽光発電を行なう魅力や動機は何でしょうか。ＦＩＴのもと、投資として利益が出るからという方もいると思いますが、それならば投資先は他にもたくさんあります。たとえば、メガソーラー事業に投資したほうが利益は確実です。そうでなく自宅の屋根で、というのはおカネだけではない価値があるわけです。それはエネルギーを自分でつくって使うという醍醐味ではないでしょうか。

その魅力は家庭菜園に通じるものがあると思います。スーパーの野菜と比べ、形も悪く大きさも揃わない野菜を家庭菜園で育てるのは、人件費まで考えればむしろ高くつくやり方です。それでも市民農園が大はやりなのは、自分で野菜を育てて食べる楽しみがあるからです。

オフグリッド導入で心のリターンを

電気も単におカネを出して買うだけなら愛着も何もありません。でも自宅の屋根で受け止めた太陽の光を電気に変えて使うとすれば、そのありがたさを実感できます。大げさにいえば、自分が地球の上で生きている実感が得られます。その魅力を活かすとしたら、様々なやり方があります。

一番簡単お手軽なのは「手動オフグリッド」システムです。つまり、交流１００Ｖで充電できるポータブル電源を購入して、晴れた昼間にコンセントにつないで充電します。夕方には充電用コンセントは外して、使いたい電気機器を動かします。たとえばこれでテレビを視聴するというようなな。これを習慣としていれば、いざ災害で停電になった場合に最低限の電気機器が利用できます。

屋根の太陽光パネルの一部の配線をつなぎかえて、部分的なオフグリッドシステムをつくることもできます。たとえば２００Ｗ分を全体から切り離し、その電気を冷蔵庫の電源として日頃から使うようにすれば、停電時に食品が腐らないか心配する必要がなくなります。あるいは一つの部屋だけ照明や家電を直流12Ｖや24Ｖで動く仕様のものにして「オフグリッドルーム」とするなどが考えられます。

このように、どうせ「元が取れない」とすれば、１００万円も出すのではなくて、数万円程度の支出で余った電気を有効利用するのはよいやり方だと思います。ＤＩＹでエネルギーをつくり使うことを通して、その投資に見合った心のリターンを目指してはいかがでしょうか。

イラスト＝河本徹朗

農業とともに永続するソーラーシェアリング

――導入のポイント

馬上《まがみ》丈司（千葉エコ・エネルギー㈱代表）

８年で３０００基余りが稼働

ソーラーシェアリング（営農型太陽光発電）は、農地に支柱を立てて太陽光発電設備を設置することで、農業と太陽光発電を同時に行なっていく仕組みです。

２０１３年３月、農林水産省が農業者の所得向上を目的に農地の一時転用許可による設置を認めたことで、青地*や第１種農地にも設置が可能となりました。

それから丸８年が経過。国内では３０００基以上のソーラーシェアリングが導入され、１ａの小さなものから50 haを超える大きなものまで多様化しています。

＊農業振興地域内農用地区域内農地のことで、農地以外の利用が制限されている

ソーラーシェアリングと相性のよい作物

◎（生育にプラス）	サトイモ、ショウガ、ニンニク、ミョウガ、ブルーベリー、アシタバ
○（生育に影響なし）	水稲、大麦、ダイズ、ソバ、レタス、キャベツ、ニンジン、サツマイモ、ジャガイモ、ナス、キュウリ、トマト、ピーマン、シシトウ、ネギ、タマネギ、ブドウ、イチジク、ラッカセイ、イチゴ、茶
×（生育にマイナス）	小麦

日陰や多湿を好むサトイモやショウガは収量が上がり、ブルーベリーでは糖度が上がったという事例もある。ラッカセイやイチゴは収穫期が長くなった。なお、機械作業への支障は考慮に入れていない

リーフレタスやキャベツなど葉物野菜は、雨だれによる泥はねを防ぐため、ウネを高くしてマルチをかける

2018年に稼働した千葉市大木戸アグリ・エナジー1号機。出力625kWで年間2200万円ほどの売電収入がある。パネル下の1haの農地では、ショウガ、ニンニク、キャベツ、トマトなどを栽培する

千葉エコ・エネルギー（以下、千葉エコ）は、14年から本格的にソーラーシェアリング事業に取り組み、現在は自社もしくは共同事業による9カ所を運営するほか、17年には一般法人として農業参入も果たしました。経営面積は自社グループだけで約3haになります。

作物の選定と設備設計

「太陽光パネルの下で作物が育つのか」と、これまで何百回とたずねられました。設備を設置する面積のうち、太陽光パネルが占める面積を「遮光率」と呼びますが、多くの作物で生育に支障が起きないのは30〜40％の範囲といわれます。

千葉エコで運営する千葉市大木戸アグリ・エナジー1号機は、遮光率が48％に達していますが、架台の高さや太陽光パネルの位置を工夫して地表面への日射量を最大化しています。同じ「遮光率」でもパネルの位置が高いほうが作物に光が当たりやすくなるので、太陽光パネルの設置位置を地上高3・5〜4mとしている他、パネル1枚ごとに東西南北の空間を開けて均等に配置しました。

私たちの畑ではニンニク、ナス、トマ

ト、ピーマン、スイカ、サツマイモなど、いろいろな作物を栽培しています。なかでも、収穫量が通常の露地栽培と比べて遜色なかったのが、ショウガやサトイモなど湿度を好む野菜です。また、遮光環境を活かしたイチゴの栽培では7月下旬頃まで収穫できました。レタスやキャベツは、太陽光パネルからの雨だれで泥はねが起きるため、トンネルとマルチを組み合わせています。

反対に適さない作物は、湿害を受けやすい小麦や、大きなハーベスターで収穫する際に支柱が邪魔になるトウモロコシなどが挙げられます。ソーラーシェアリング下の環境変化として、遮光によって土壌が乾きにくくなること、大型の農業機械の取り回しが難しいことに注意が必要です。

現在、売電益は10a当たり25万円

ソーラーシェアリングをやりたいと相談を受ける際、作物の話に次いで聞かれるのが発電事業の収支です。

地域によって日照時間や冬季の積雪など気象に左右されるところはありますが、21年度のＦＩＴ制度における小規模事業用太陽光発電（10～50kW）の売電単価12円／kWh（税別）をベースに計算してみましょう。

15a程度の日当たりのよい農地に架台を組み、計１００kWの太陽光パネルを設置すれば、年間10万～12万kWh（一般家庭20～25世帯分）の発電量が期待できます。売電収入は年間１２０万～１４４万円、ここから発電所の運転管理費や固定資産税、法人事業税など30万円、減価償却費70万～80万円を引くと、売電益は10a当たり20万～25万円になります。初期費用は立地や設計にもよるが、１４００万円（税別）程度です。

台風に耐えられる架台選びが大事

もう一つ、よく聞かれるのが自然災害による被害です。台風や豪雪などによる被害には、設備そのものが倒壊したり、支柱が歪んだり、太陽光パネルが脱落したりといった事例があります。

２０１９年９月の台風15号では、私の住む千葉県で記録的な暴風になりました。幸い私たちの設備は無事でしたが、千葉県北部から茨城県南部にかけては全壊したところも数件ありました。その原因の

千葉市大木戸アグリ・エナジー１号機は、基礎にスクリュー杭、高さ３ｍの支柱に３㎜厚のアルミ材を使用（日本BSL社製）。強風にも耐えた

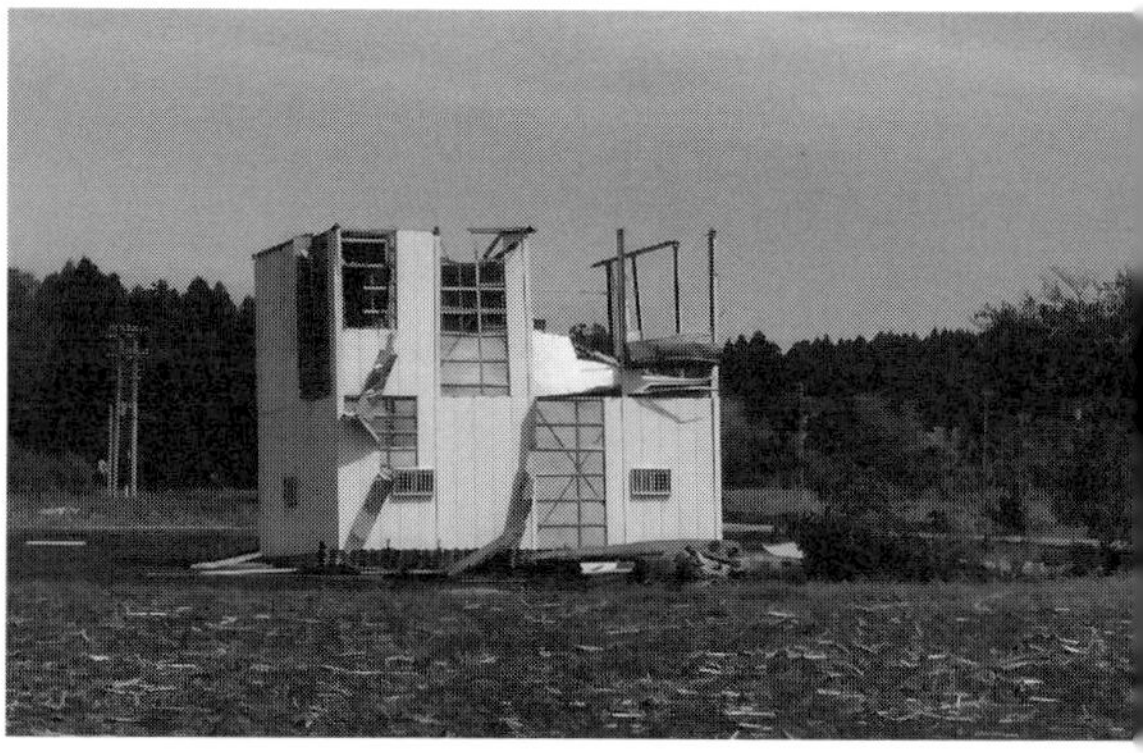

台風15号の強風で倒壊した倉庫（大木戸地区内）

ビニールハウスの上にオフグリッドソーラーを設置。EV車の給電や非常用電源に使う

ソーラーシェアリングで充電したリモンコン式草刈り機

多くは設備の設計や施工の不備と推測しています。

特によく見られるのが、支柱に単管パイプを使っている設備の倒壊とアルミニウムを使った架台の倒壊です。前者の場合は、基礎部分の打ち込みや接合が不十分であったり、筋交いが不足しているパターンが見られます。ソーラーシェアリングの草創期は汎用の単管パイプが好まれました。これは農家が台風の前に自ら補強することを前提にしたものでしたが、近年はそうした理念が忘れ去られているように思います。

また、後者のアルミニウム架台の場合は、支柱と基礎杭の接合部分の強度不足や施工ミスが倒壊を招いています。台風時の強風で架台全体が揺さぶられ、その負荷が支柱と基礎杭の接合部品に集中して破断したと見られます。

災害用の発電・蓄電も

先の台風15号では、千葉市大木戸地区で8日間にわたって停電が続きました。幹線道路から集落に続く道で倒木が発生し、配電線が切れたことが原因です。

ＦＩＴ制度を活用して電力会社と系統連系されているソーラーシェアリングでは、蓄電池の設置が規制されており、膨大な電力をつくる能力がありながらも、それを活かすことができませんでした。そこで、非常時にもエネルギーが活用できるような実証試験を20年4月からスタートしました。

この試験では、別途ビニールハウスの上に2kWの太陽光発電設備を設置。発電した電力は売電せず、容量6・5kWhの蓄電池に貯めてオフグリッドで利用します。電動の刈り払い機や噴霧器に使う他、電気自動車に充電して防災のための利用を考えています。

また、地元の町内会と蓄電池の貸借に関する協定を締結しました。災害時には弊社から移動式の蓄電池やバッテリー式のラジオ付きテレビなどを貸し出します。今後は、ソーラーシェアリング設備の災害時充電スポット化に向けた協議も進めていく予定です。

ＦＩＴが終わっても継続できる

最後に、ソーラーシェアリングの事業性に少し触れておきたいと思います。

20年度以降のＦＩＴ制度見直しでは、

対象となる太陽光発電の規模が限定されていくなかで、ソーラーシェアリングはＦＩＴによる支援が継続。21年度以降の売電単価は12円／kWhから10円／kWhに段階的に引き下げられることがほぼ確定していますが、ソーラーシェアリングは十分な事業性を確保できるとして注目されています。

というのも、雑種地の野立ての太陽光発電設備と違い、農地は土地造成のコストや固定資産税の面で有利です。また、高さのある架台を使うため太陽光パネルの熱が放散しやすく、発電効率が上がるからです。

最近では、裏面でも発電する両面パネルと白マルチを組み合わせて発電量を増やす取り組みも行なわれています。水田に設置した場合は、田面を抜ける風で太陽光パネルの温度上昇が抑えられるため、夏場の発電量が野立てより10％以上も上がったという事例もあります。そのため、ＦＩＴ制度が終了し売電単価が10円／kWh程度になっても、農業とともに歩むエネルギー事業としての収益を確保できると見込んでいます。

ＦＩＴ抜本見直しで、太陽光発電はこう変わる

2020年６月に成立した「再生可能エネルギー特別措置法」により、太陽光発電は以下２つの変更点がある。

まとめ＝編集部

1 小規模事業用に「地域活用要件」導入

小規模事業用太陽光発電（10kW以上50kW未満）は、20年度に新設する設備から「地域活用要件」（自家消費率30%以上、停電時の自立運転機能と給電コンセントの設置）を条件に、ＦＩＴによる余剰売電が認められる。認定時には「自家消費計画」の提出が必要となり、稼働後、自家消費率を満たしていない設備はＦＩＴ認定の取り消しもある。

2 250kW以上はＦＩＰ制度に移行

20・21年度に新設した50kW以上の太陽光発電設備のうち、250kW以上の設備は市場連動型のＦＩＰ(Feed in Premium)制度に移行する。250kW未満は地域活用要件なしでＦＩＴ制度が継続（22年度は、ＦＩＴまたはＦＩＰから選べる）。ＦＩＰでは、再エネ発電事業者が電気を卸電力市場に直接販売することで、売電価格に国から上乗せ金が支払われる。

太陽光発電のFIT価格

電源	区分		1kWh当たり売電単価			期間
			2019年度	20年度	21年度	
太陽光	250kW以上		500kW以上入札制度で決定	入札制度で決定		
			500kW未満　14円＋税			
	50kW以上250kW未満		14円＋税	12円＋税	11円＋税	20年間
	10kW以上50kW未満			13円＋税＊	12円＋税	
	10kW未満	出力制御対応機器設置義務なし	24円	21円	19円	10年間
		出力制御対応機器設置義務あり	26円			

＊小規模事業用太陽光発電（10kW以上50kW未満）は、売電単価が下がりながらもFITを継続。20年度に新設した設備から自家消費要件が課せられ、余剰売電（最大70%）となる

出典：経済産業省「第67回 調達価格等算定委員会」

炭素貯留の効果を高めようと、21年から不耕起栽培を始めた大豆畑
写真提供＝市民エネルギーちば（以下＊も）

使い切れない農地

ソーラーシェアリング＋有機栽培で資源化

千葉県匝瑳市・市民エネルギーちば㈱　文＝編集部

荒れ果てていた畑が復活

千葉県匝瑳《そうさ》市飯塚の開畑《かいはた》地区。名前のとおり小山を削って拓いた80haほどの畑が広がっている。かつてはタバコなどが多くつくられたが、耕作放棄地が増え、ごみの不法投棄が問題になっていた。2014年に設立された市民エネルギーちば株式会社（以下「みんエネ」）では、この荒れ果てた農地を「ソーラーシェアリング」と組み合わせて復活させる事業に取り組んできた。

現在、15haほどの畑にソーラーシェアリングの太陽光パネルが設置され、その下で大豆や小麦などの有機栽培が行なわれている。栽培を担うのは、みんエネの関連会社・Three little birds（TLB）合同会社。この地域で有機栽培に取り組む30代の若手農家2人にベテラン農家2人が加わって立ち上げた。収穫した大豆は、自社で味噌に加工する他、大豆コーヒーの原料になったり、豆腐店に卸したりしている。小麦は、有機農産物を扱う卸業者に販売する。

切り土の畑で土がやせているため、大豆の収量は多いところで10a100kgほ

不耕起栽培の大豆。播種15日後。前作の麦わらで草を抑える（*）

普通に耕起した畑の大豆（8月9日）。中耕は2回。この畑（写真奥が南）は、太陽に合わせて東西方向の角度が変わるパネルを試験的に設置した

写真＝編集部

どだが、有機栽培によりキロ４００〜６００円で売れるので、売り上げは10ａ４万〜６万円になる。加えて「耕作協力金」として電気の販売代金の一部がＴＬＢに支払われる。

市民エネルギーちばの匝瑳ソーラーシェアリングの仕組み

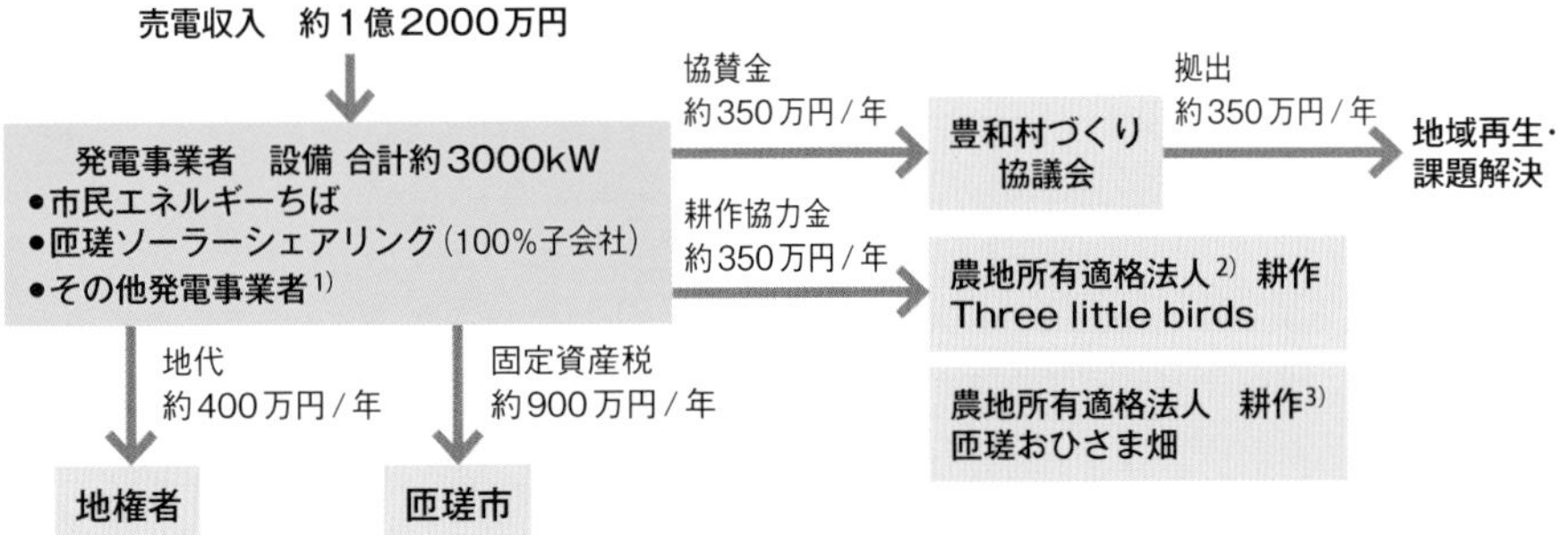

1) 市民エネルギーちばが設置・運営に関わりながら、環境関連企業などが出資して発電事業を行なっている。
2) 16年の農地法改正で、従来の農業生産法人が「農地所有適格法人」と呼ばれるようになった。農業経営のために農地を取得できる。
3) 2022年以降に新たに増える農地の管理・耕作を行なう。

かつてビニールハウスが野菜栽培を変えたように、ソーラーシェアリングが耕作放棄地を復活させた。開畑地区に広がる設備の合計出力は3000kW（＊）

地域課題を解決する仕組み

みんエネではこれを、耕作放棄地を地域資源に変え、地域課題を解決する仕組みと位置づける。右図のように、開畑地区に設けられたソーラーパネルの発電事業からは、ＴＬＢへの耕作協力金の他、地権者への地代、地元の自治会や小学校ＰＴＡなども加わって設立した豊和村づくり協議会への協賛金が支払われ、匝瑳市には固定資産税も入るからだ。

21年1月には、みんエネの１００％出資により、㈱匝瑳おひさま畑という農地所有適格法人を立ち上げた。現在の15haはＴＬＢによる借地が多かったが、開畑地区の農地を購入してほしいという地権者の要望もあり、耕作面積をさらに広げるためだ。22年春には6haほど増えて21ha（うち耕作放棄地12ha）になる。新たに増える畑ではベリー類などの果樹も栽培し、観光農園やジャムなどの農産加工に取り組みたいという。

ソーラーシェアリングは、発電事業者と耕作者、地権者が発電収入を分け合うことで、荒廃した農地を再生し、持続可能な農業・社会をつくる力を秘めている。

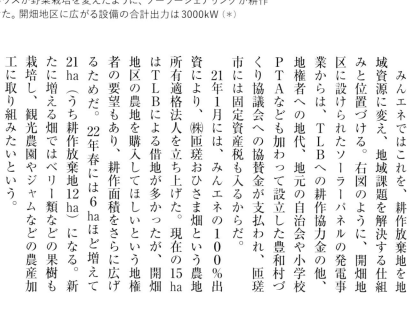

太陽光パネルは廃ガラス利用で100％リサイクルできる

岩手県奥州市・㈱環境保全サービス

文・写真＝編集部

廃棄太陽光パネルからできたガラスの粒（1〜5㎜程度）。専用の機械で粉砕しているので角がとれ、素手で触っても平気

私はガラスが欲しくて
この機械をつくりました

㈱環境保全サービス
社長・狩野公俊さん

壁材、舗装材に廃ガラスを利用

再生可能エネルギーの筆頭として普及してきた太陽光発電。だが近い将来、経年劣化した太陽光パネルが大量のごみになるという指摘がある。そんななか、岩手県に太陽光パネルのリサイクルで注目されている企業がある。

１９８６年創業の㈱環境保全サービスは、廃ガラスのリサイクルを本業としてきた会社だ。砂粒のように粉砕したガラスは、色を活かして絵や模様を描けるので壁材や舗装材として人気がある他、コンクリートやアスファルトの骨材、工事の埋め戻し材などとして砂の代わりになる。

「はじめはビンと板ガラスのリサイクルでスタートしましたが、これだけではとても需要に追いつかなくなってきた」と狩野《かりの》公俊《まさとし》社長。

そこで、テレビなど家電のガラスや自動車の窓ガラスのリサイクルも始めた。それでも足りなくて、何かないかと探して行き着いたのが太陽光パネルだった。

両面太陽光パネルの下に敷かれたガラス粒。発電効率が20％アップ

「ガラスわけーる」（III型）の全容。粉砕・剥離されたガラスは①風選、②色彩選別、③金属検出の3段階を経て精製される。価格は約1億2000万円、受注段階のものまで含めると製造台数は23台になる

太陽光パネルの構造

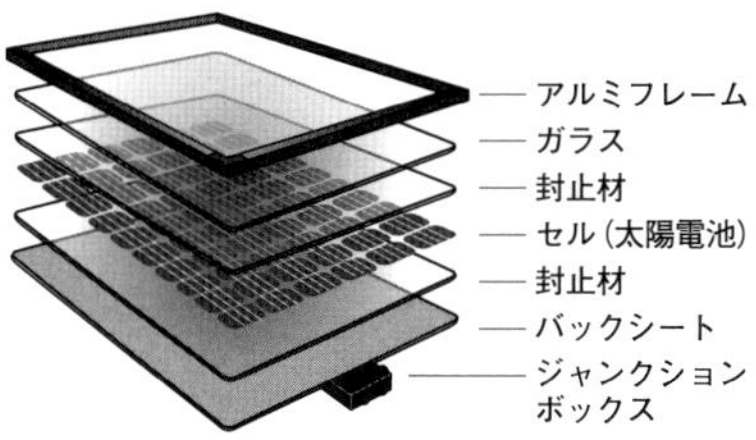

光のエネルギーを電気に変えるセル（太陽電池）が封止材と呼ばれる樹脂に両面を覆われ、ガラスとバックシートで挟まれている

1日400枚処理する機械を開発

太陽光パネルは重量比で80％がガラス。狩野社長は、ビンや家電よりも効率よくガラスが手に入ることに着目し、2017年には自動でガラスをリサイクルできる「ガラスわけーる」を開発した。

パネルをリサイクルする技術は他社でもいくつか開発されている。だが、環境保全サービスはガラスを砂粒化する技術と用途・販路を確立していたからこそ、いち早く「太陽光パネル100％リサイクル」の看板を掲げることができた。

「ガラスわけーる」は、ガラスをはがすのに加熱する工程がない。物理的な力で粉砕・剥離するだけなので、処理開始から選別されたガラス粒になるまでパネル1枚（1m×1・5m、約20g、出力250W程度）当たり約1分の作業効率を達成した。「ガラスわけーる」1台で、1日400枚余りの処理が可能だ。

近年は異常気象に伴う太陽光パネルの廃棄も増えている。豪雨や台風、大雪で破砕したパネルを含め、同社では2021年は年間3万枚をリサイクルしたそうだ。

防草、発電アップ、土づくりにも

敷地の一角では、産業技術総合研究所と共同でリサイクルのガラス粒を防草資材として使う実験も行なっている。太陽光パネルの下にこれを敷けば草が生えなくなるし、光を反射するので、両面パネルの発電効率を高めるという。

また、ガラスの粒を畑の土に混ぜると土の団粒化を促進し、微生物の活性化にも役立つそうだ。

狩野社長曰く、「ガラスわけーる」を使ったリサイクルでは、パネル1枚当たりの処理料3000円に加え、ガラスや金属類の有価販売により300円の収入が見込める。たとえば、21年4月時点で岩手県内の太陽光パネルすべての処理を請け負ったとすると、収入は164億円。リサイクルのカギは廃ガラスの地域活用にある。

筆者（84歳）。天日干しに使う波トタンは70㎝四方くらいが使いやすい
写真＝佐藤和恵（＊以外）

波トタン
——干し野菜、ドライフルーツが簡単にできる

戸谷君子（長野県長野市）

デコボコで風通しがよく、2日で乾く

私が住む鬼無里《きなさ》村（現在は合併して長野市鬼無里地区）は、冬の寒さが厳しく、今と違って交通の便も悪かったこともあり、昔は冬場の食料として干し野菜がつくられていました。私が幼い頃は、家庭に冷蔵庫はなく、野沢菜やナス、カボチャ、サツマイモなどの干し野菜が貴重な保存食としてよく食べられていました。その頃はカイコの飼育に使う大きなザル（地域では蚕籠《かいこかご》と呼ぶ）に、切った野菜を載せ、天日で干してつくりました。日頃の食卓はもちろん、寄り合いなどで大勢の人が集まると、決まって干しナスの煮物などの料理が振る舞われたものです。

そうした経験があったので、20年ほど前から、食べきれなかったり、近所からおすそ分けでたくさんもらったりした野菜や果物を使って、自分でも干し野菜をつくるようになりました。

最初は私もカイコのザルを使っていましたが、あるとき壁に立てかけた波トタンに触ったら、太陽の光を浴びて火傷をするほど高温になっていたことがありました。これがヒントとなり、それ以来、

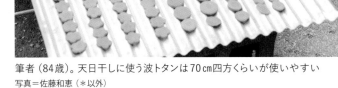

干し野菜の工夫

ジャガイモ

厚さ約5mmのいちょう切り。料理するとき、食べやすい形に切るのが基本

ゆでてから干せば
硬くならない

ジャガイモは干す前にゆでるのがポイント。そのまま干すと硬くなってしまう。塩を少々（写真なら一つまみほど）入れた熱湯で約6分ゆでる

トタンの波に沿って一つ一つ並べる。2〜3日干して十分に乾いたら完成

【食べ方＝煮物や油炒め】

トタンの上で干すようになりました。

波トタンは表面がデコボコで風の通りがよく、太陽の光をよく照り返すので、野菜の乾きが速い。時期によりますが、晴天2日ほどで乾ききります。また軽いので、天気が崩れて家の中にいったんしまうときもラク。波と波の間に野菜を並べやすいところも便利です。

ひと手間で上手に乾燥

どの野菜もトタンにくっつかないよう1日2〜3回ひっくり返し、陽が落ちたら家の中にしまいます。しっかり干し上げれば1年以上保存できて、ぬるま湯で戻すだけでいつでも料理に使えます。冷凍もいい保存法ですが、冷凍庫がすぐいっぱいになってしまいます。干し野菜なら常温で保存できます。ポリ袋に詰めてから大きな密閉容器に入れれば、虫がわくこともありません。

トタン干しにしてから、ますます干し野菜づくりが面白くなり、お日様が出ると「もったいない、何か干したい」と思うようになりました。

野菜や果物なら何でも干すようになりましたが、なかにはそのまま干すだけで

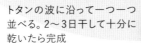

いろいろな野菜で干し野菜

＊どの野菜も基本はぬるま湯で戻して使う

カボチャ

皮をむき、厚さ約1cm、長さ7～8cmの短冊切りにする。最初に3時間ほどそのまま天日で干したら、いったん蒸し器で9～10分蒸し、再び干し直す。硬くならず軟らかい食感に干し上がる

【砂糖煮など。戻さずそのまま食べてもおいしい】

キュウリ

薄くスライスして干す

【塩昆布と和える・煮物】

ナ　ス

皮をむいて厚さ約3mmで縦に切る。塩少々の水に30分ほど浸してアク抜きしておくと色よく干し上がる

【煮物・油炒め】

ジャガイモ

トウモロコシ

カ　キ

皮をむいて厚さ約5mmのいちょう切りにして干す

【お茶うけ。食べやすいので私は普通の干し柿より好き】

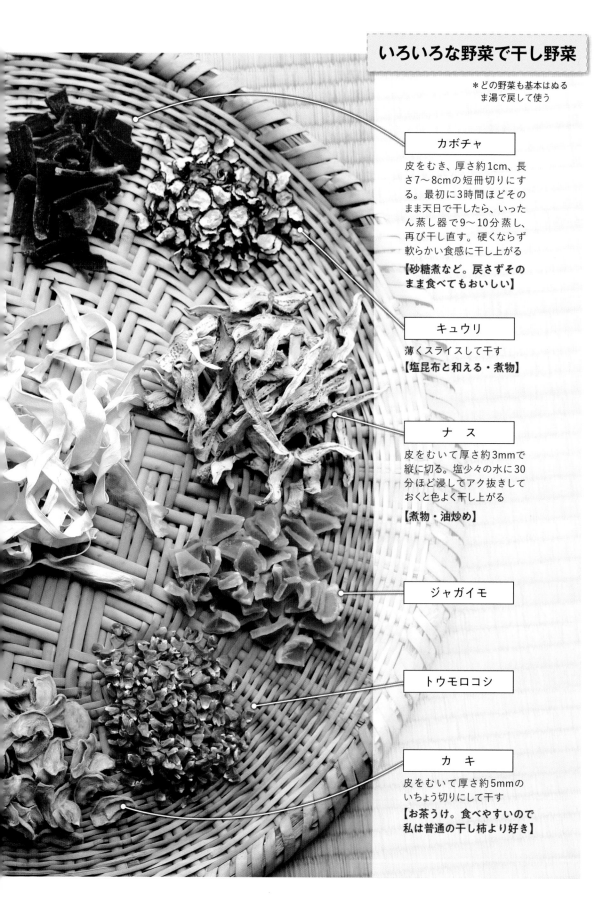

ニガウリ

縦に切ってタネとワタをとってから、横に薄く切って干す

【油炒め】

ピーマン

タマネギ

細く切って熱湯でサッとゆでてから黒いお盆で干す

【味噌汁・煮物・炒め物】

カンピョウ（ユウガオ）

厚さ約15cmに輪切りにして、皮をむき、タネとワタをとる。ピーラーなどで厚さ約3mmにむいたものを干す。トタンに干すときはくっつかないよう、カレンダーなどを敷く。かんぴょうは字がうつりやすいので新聞紙は使わない

【戻した後、結んで煮物】

ダイコン

厚さ約5mmの輪切りにして干す

【煮物】

ニンジン

ゆでてから干せば
色がきれい

好みの厚さに切ったら、ジャガイモ同様、塩を少々入れた熱湯で6分くらいゆでる。生でも干せるが、ゆでることで色よく仕上がる
【煮物】

ひっくり返し
にくいものは
黒いお盆で干す

これはゆでずに輪切りにして、タネを取り除いて干す
【煮物・炒め物】

ゆでてから、実を一つ一つもいで干す
【戻さずそのまま食べられる。お茶うけ・サラダの具】

は上手くいかないものもあります。たとえば、色がくすみやすいナスやニンジンは塩水に浸けたり、硬くなりやすいジャガイモやインゲンは一度ゆでてから干すなど、ひと手間かけることでより上手く仕上がる野菜も多いです。

トウモロコシやリンゴ、カキ、カボチャなど、水で戻さずそのまま食べてもおいしいものもあります。お茶うけにぴったりで、急な来客の際、お皿に2、3種類並べて出すだけでとても喜ばれます。

砂糖で一もみ、食感がよくなる

調理する前は、一晩ほどぬるま湯に浸けて戻しますが、どうしても硬さは残ります。そんなときは一度砂糖をまぶすと軟らかく戻り、食感がよくなります。

湯に浸したら、軽く水を吸ったところでいったん取り出し、少し多めの砂糖（一つかみの干し野菜に対して一つかみ）を全体によくまぶしてから手でギュッ、ギュッとしっかりもみます。そして再び湯に浸すだけ。特にニガウリ、ジャガイモ、ニンジンなどは、このやり方で戻すとさらにおいしくなります。家で食べ切れない分は直売所で販売しています。

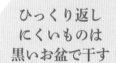

マメもキノコも果物も

ナメコ

汚れが付いていたら水で洗って落としてから干す（*）
【味噌汁・煮物】

インゲン

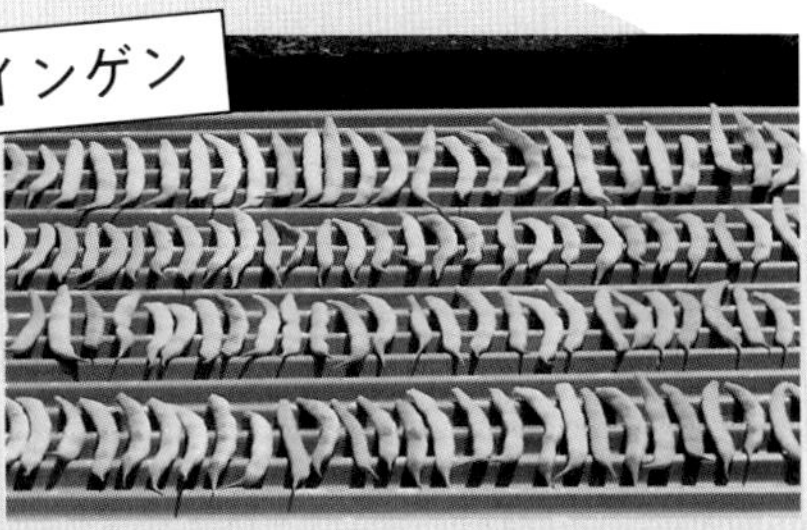

スジをとり、塩少々を入れた熱湯で約6分固めにゆでる。冷やさないで干す（*）
【煮物・油炒め】

リンゴ

スライサーを使って薄く輪切り。変色を抑えるため、塩少々を入れた水に一度浸してから、新聞紙などを敷いた上に干す（*）
【そのまま食べられる・サクサクした食感・お茶うけ】

年中いつでも気軽に使える

ナスの醤油炒め（上）。ダイコン、ニンジン、カンピョウ、ジャガイモの煮物（左）。ニガウリの卵炒め（右）。干すことで味の染みがよくなる。食感も変わり、ナスはまるで肉のよう!?

保存するときは密閉容器に入れて

ポリ袋だけでは虫がわくことがあるが、密閉容器に入れると防げる。夫の公暢さんも干し野菜づくりの大事なパートナー。干し野菜をひっくり返す作業は2人で手分けして行なう

ソーラーフードドライヤー
——持ち運べるDIY乾燥機

阿部由佳（埼玉県ときがわ町）

幅45cm、奥行き38cm、高さ18cmのソーラーフードドライヤー。コンパクトなので、持ち運びにも便利

乾燥する素材は薄く切り、網の目を塞がないように間隔を空けて並べるのが高速乾燥のコツ

ソーラーフードドライヤーって何

私にソーラーフードドライヤーについて教えくれたのは、師匠であり「エネルギーとおカネを使わなくてもホドホド豊かに生きられる」をモットーにする非電化工房（栃木県那須町）の代表・藤村靖之さんです。

ソーラーフードドライヤーとは、電気やガスなどのエネルギーを使わず、太陽の光と熱で簡単にドライフードがつくれる道具のこと。干し野菜やドライフルーツ、野草やハーブを干した薬草茶、ビーフジャーキーなど、季節や風土にもよりますが、普通のネット干しと比べて2〜3倍の速さでドライフード（乾燥食品）がつくれます。

直射光と反射光を利用

ソーラーフードドライヤーの構造はいたってシンプルです。太陽の直射光以外にも、反射板（リフレクター）を使って光を上手に集め、箱の中の食品に効率よく熱を

実際につくってみよう

ソーラーフードドライヤーの製作には主にノコギリ、インパクトドライバー、電動ドリル、金切リバサミ、金切リノコギリなどを使う。

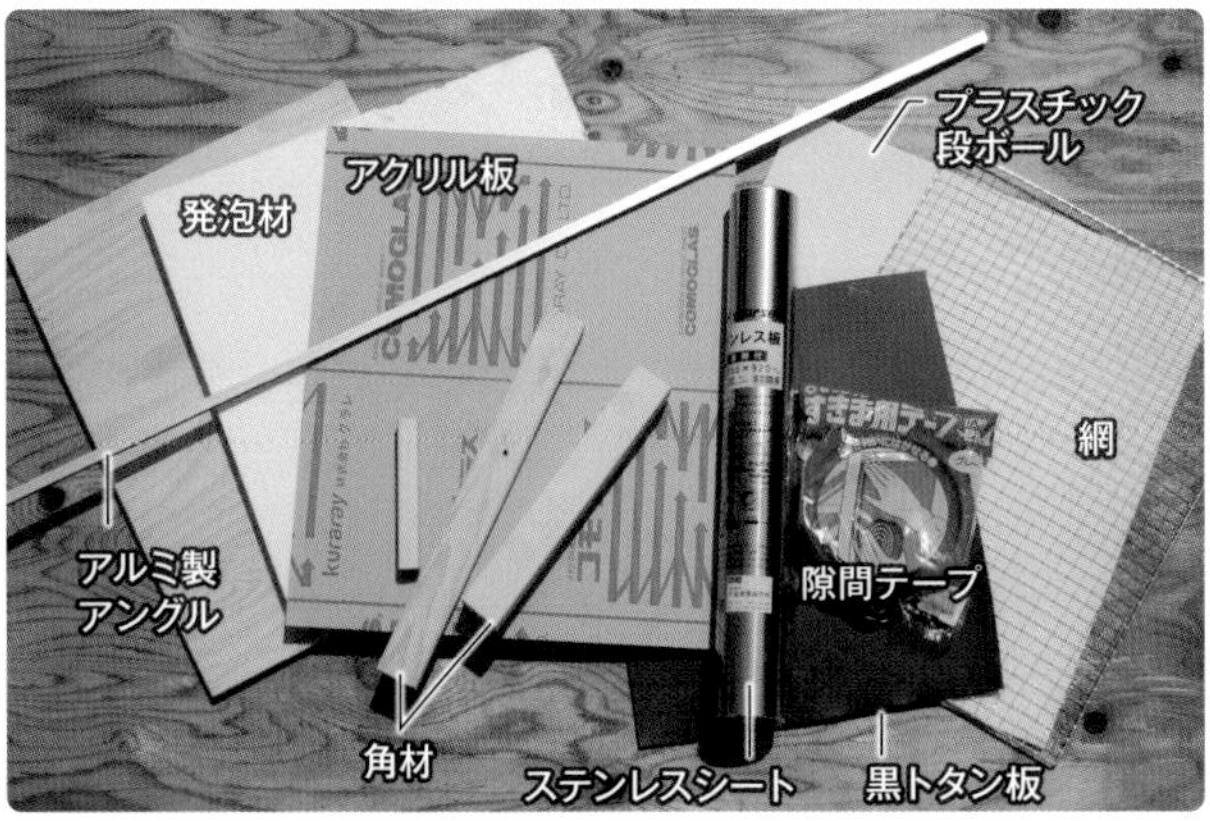

材料はすべてホームセンターでそろう。この他に網戸シートやL字金具、穴あき金具など。5人分くらいの材料をまとめて買えば、1台8000円ほどでつくれる

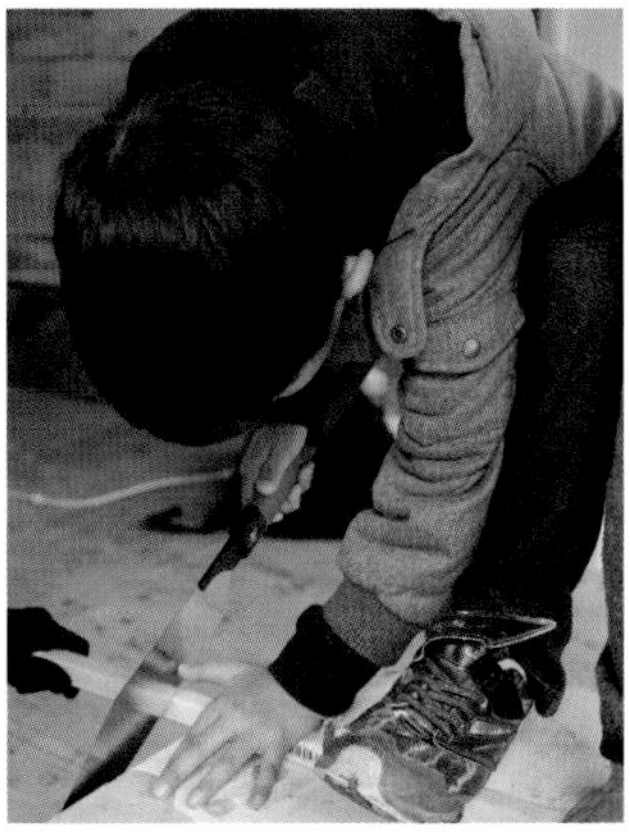

本体内の四隅の柱（17cm）4本、本体後方を支える脚（15cm）2本、網を載せる支え（12cm）4本、上枠の部材（29.2cm、36.2cm）各2本などを、角材を切って準備する

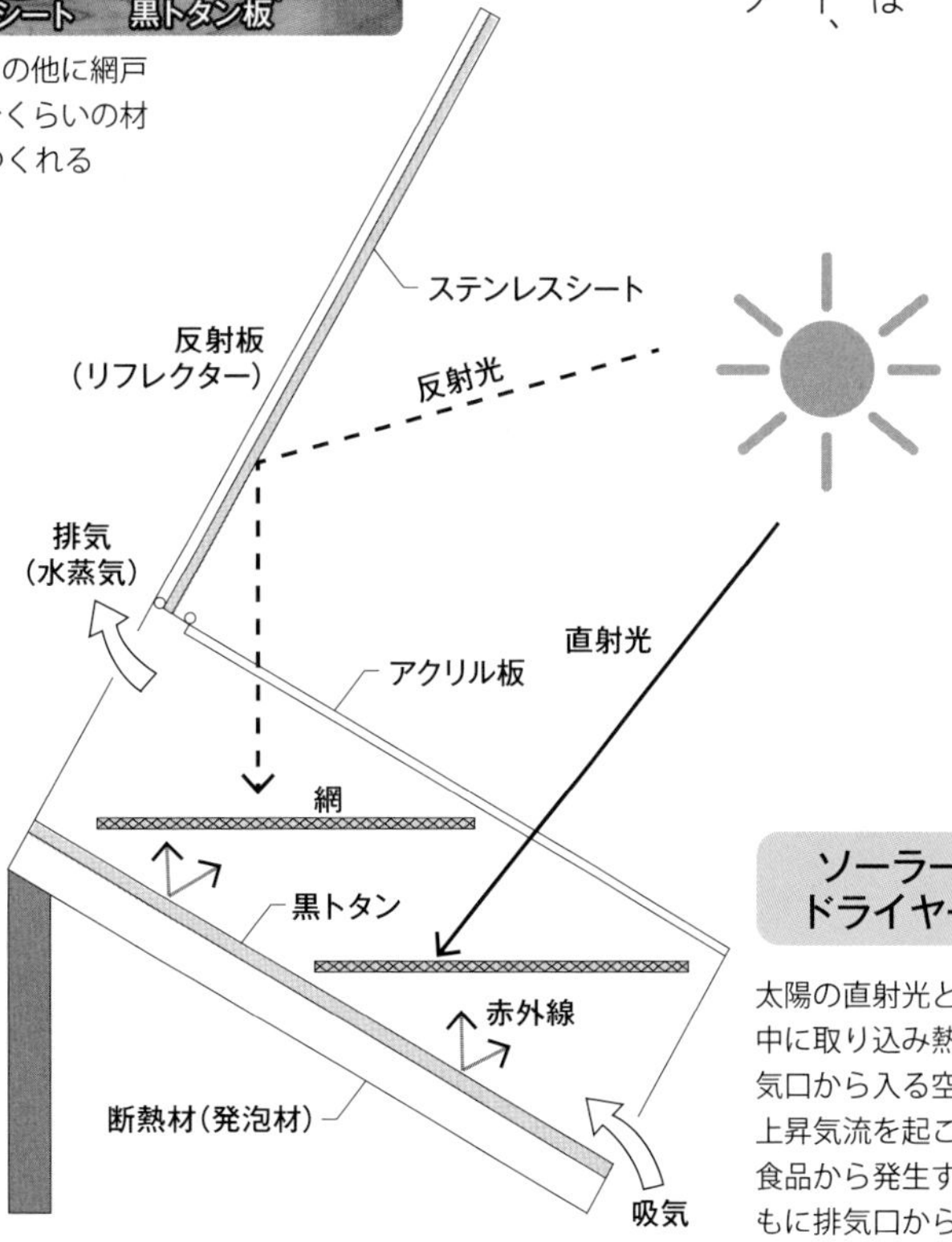

ソーラーフードドライヤーの構造

太陽の直射光と反射光を箱の中に取り込み熱を蓄える。吸気口から入る空気が温まって上昇気流を起こし、網の上の食品から発生する水蒸気とともに排気口から外に出る

加える仕組みになっています。

ポイントは、箱の底面を断熱して熱をしっかり貯めることです。庫内の正面と背面に通気口をつけることで、温まった空気のゆるやかな上昇気流が発生。その気流に乗って食品中の水分が庫外に排出され、乾燥が速く進むようになっています。

快晴の場合、庫内の最高温度は外気温プラス30～40℃まで上昇します。以前、関東の平野部で夏に試してみたところ、5㎜ほどにスライスしたリンゴをソーラーフードドライヤーに入れたら、3、4時間でカラカラになりました。

ちなみに、太陽の光を効率よく集めるには、30分に1回くらい反射板の角度を調整し、本体の向きを太陽の方向に向けてあげるとよいです。本体と影が一直線になる方向に向けると太陽に正対します。

ワークショップで盛り上がる

私は「ちょっとだけ自給力が上がるワークショップ」と題して、

1 本体（箱）をつくる

通気口をあける

通気口から虫が入らないように網戸シートを貼る

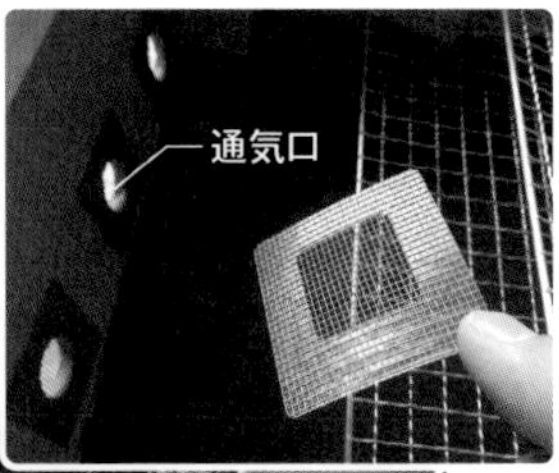

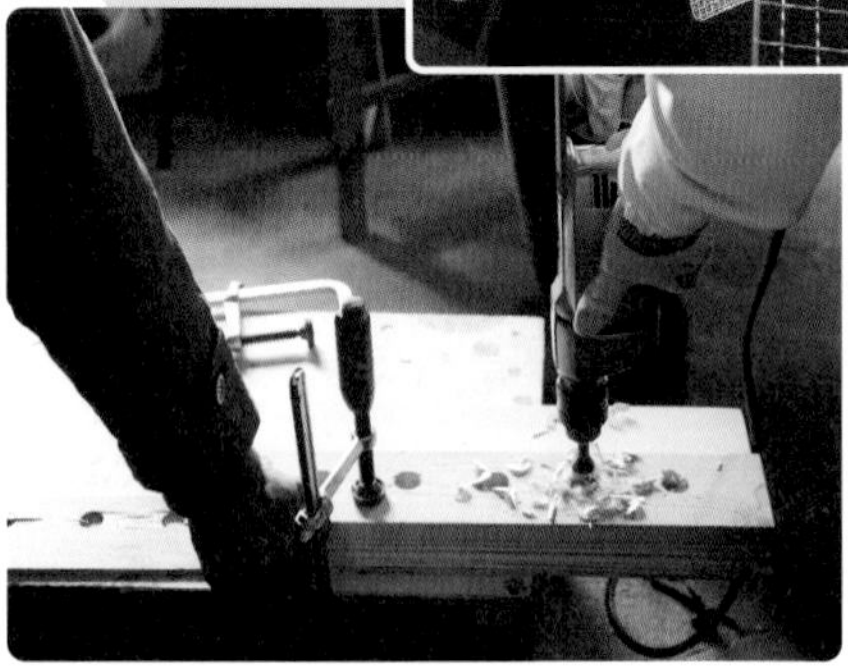

箱の正面と背面のベニヤ板に、電動ドリルで通気口の穴（直径20mm）をあける。穴の位置は、正面は底から5.5cm、背面は上から3cmで、5個ずつ等間隔。ドリルの径が大きいとバリが出やすいので、下に当て板をする

箱の四方を組み立ててから底板（ベニヤ板）を付ける。それぞれインパクトドライバーでビス止め

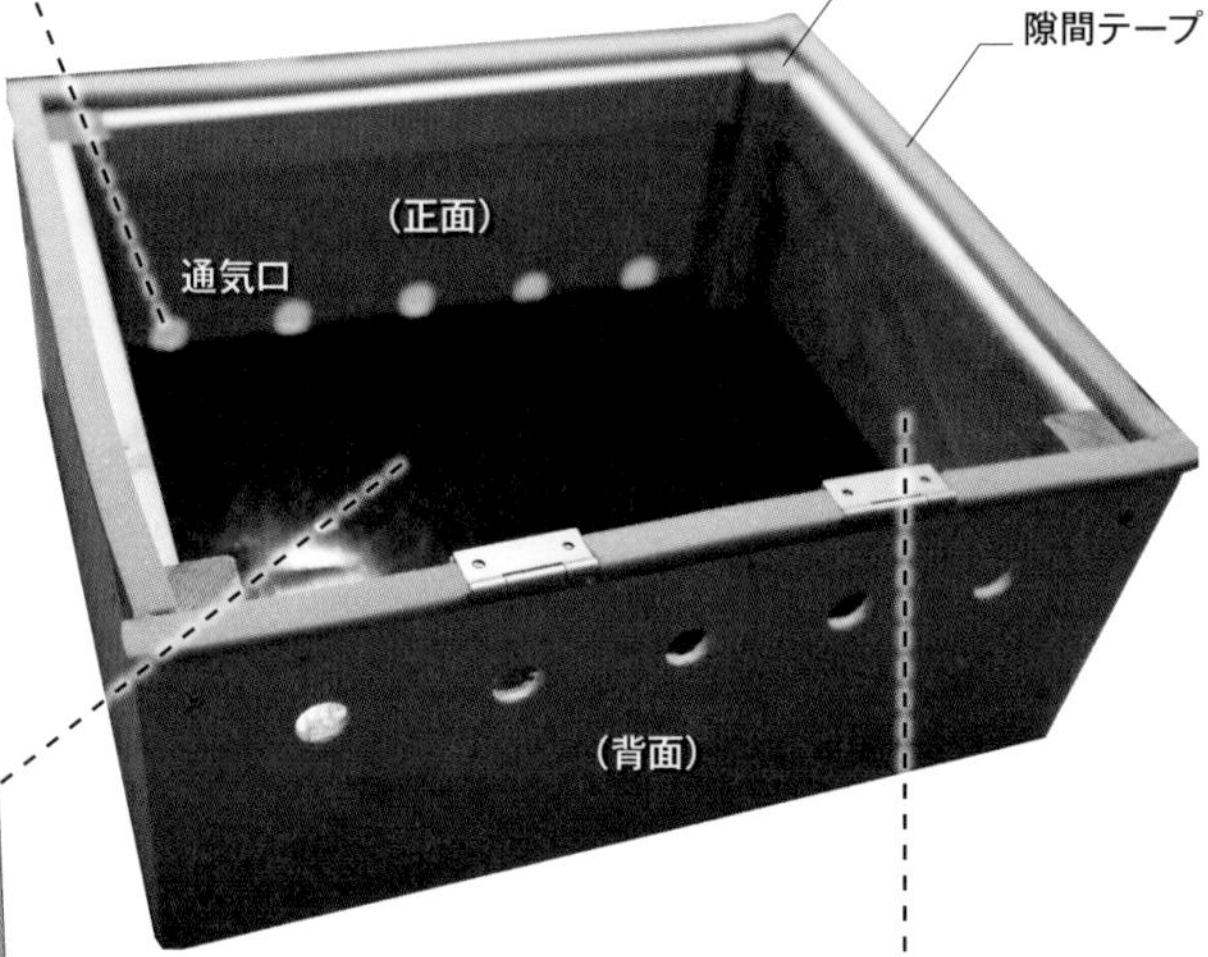

断熱材を入れる

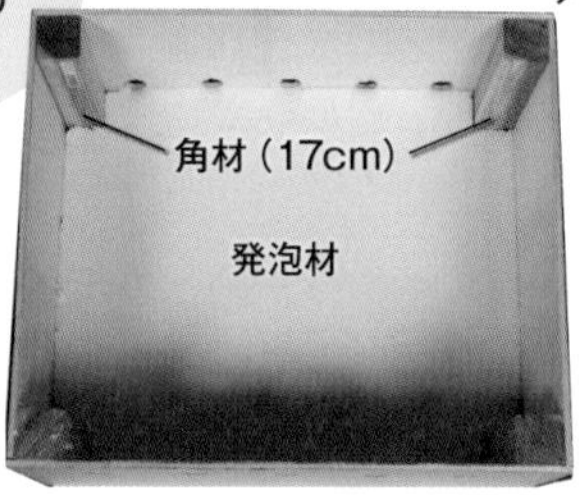

箱の中を上から見たところ。厚さ1cmの発泡材を底に敷き、その上に黒トタン板を置く。いずれも両面テープで止める

網棚をつくる

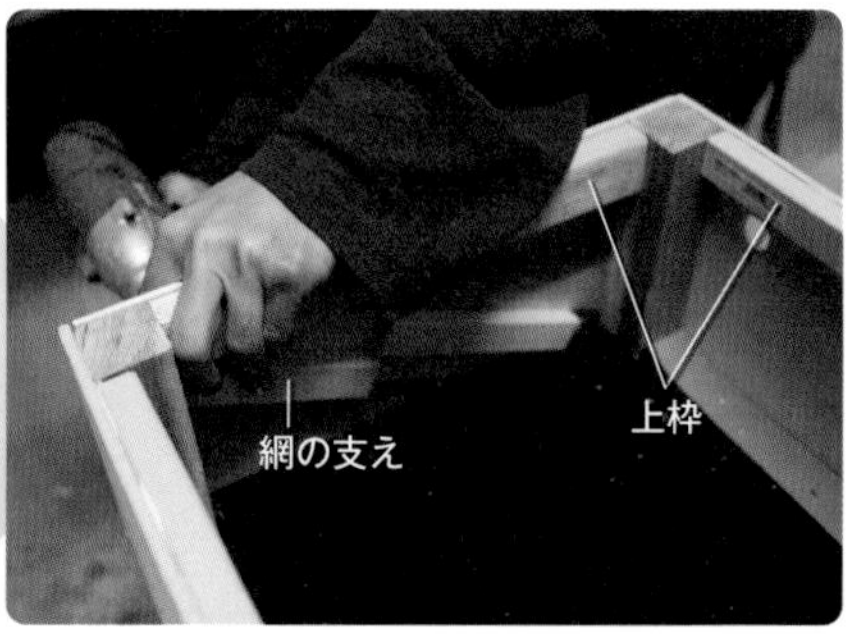

網を載せる支えと上枠の角材を付ける。その際、角材を両面テープで仮止めしておくと、インパクトドライバーでビス止めしやすい

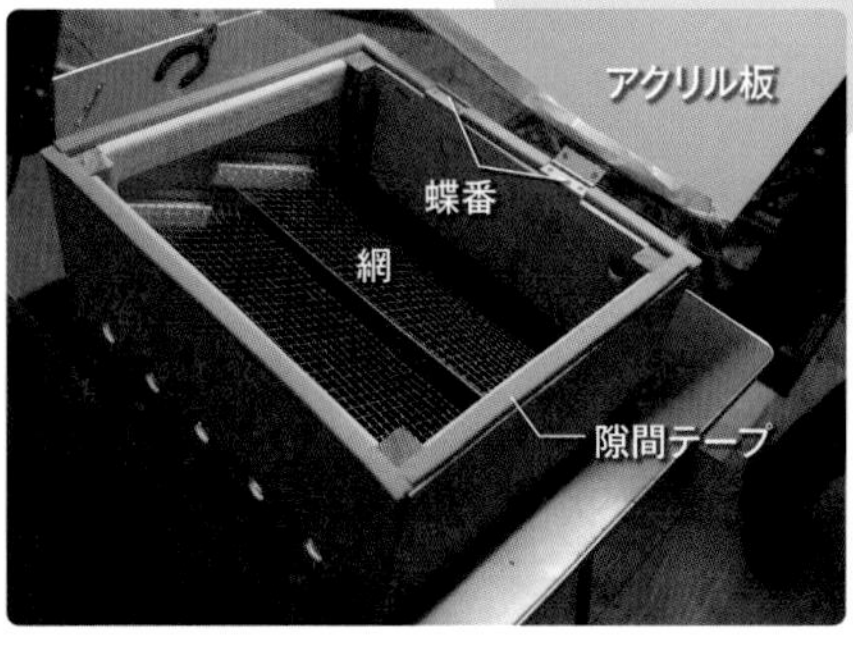

網を載せ、箱の縁に高断熱の隙間テープを貼る。フタとなるアクリル板を蝶番で固定

2 反射板をつける

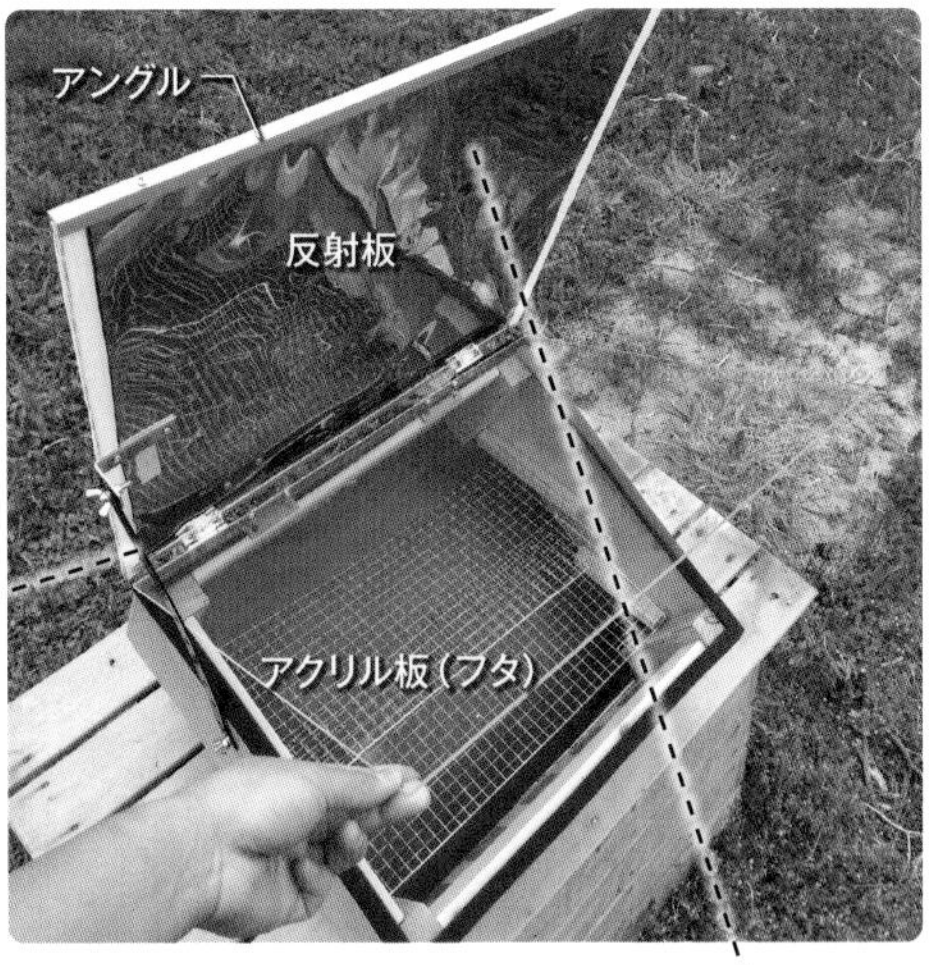

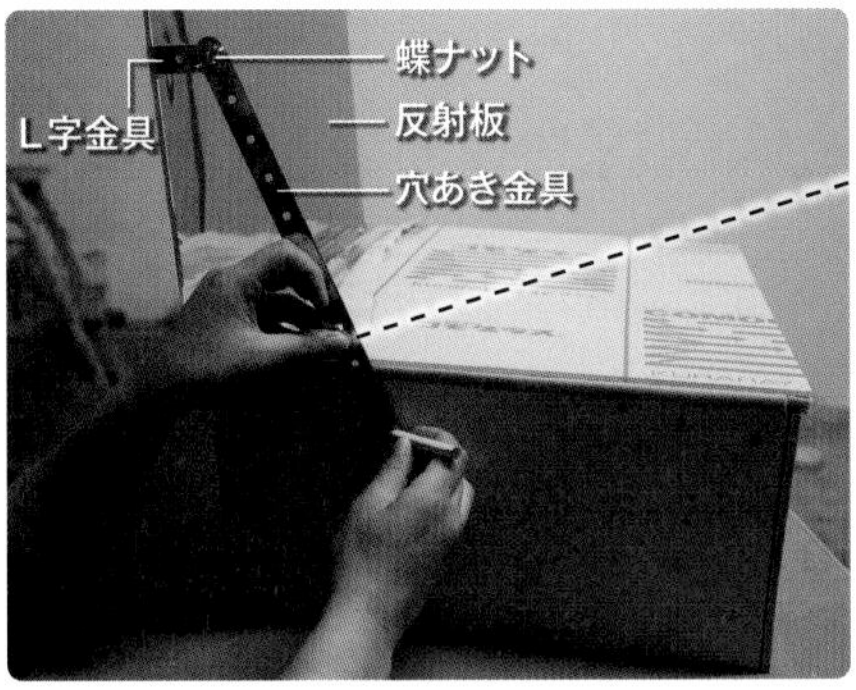

反射板を支える穴あき金具を付ける。反射板の角度を変えるときは蝶ナットの穴の位置を変える

横46cm×縦41cmに切ったステンレスシートに両面テープを貼り、プラスチック段ボールに接着。上下にアルミ製のアングルを付け、蝶番で本体に取り付ける

ワークショップにはドライフードに関心がある子育てママやDIY好きの男性など、様々な人が参加する。右端が筆者

ソーラーフードドライヤーのDIY講座を各地で開催しています。設計図の見方から、材料の切り出し・組み立てと、最初から最後まで体験できる講座で、昼食も入れて6時間、参加費は1人2万円です。子供から大人までみんなで一緒につくることを楽しみながら、知識や技術をシェアすることを大切にしています。

参加者からは「干しイモがとにかく好きなので、毎日つくって食べたい」「愛犬用のジャーキーも手づくりできるね」など、ドライフード話が次々に飛び出し、昼ご飯も盛り上がります。

「暮らしと仕事をつくるワークショップ屋さるつぼ」では、ソーラーフードドライヤー以外にも、こうじをおこす発酵槽づくりやコーヒー自家焙煎体験など、様々な講座を開催しています。

＊ワークショップの詳細は、さるつぼホームページ
https://abeyuka.com

手づくり太陽熱温水器

――塩ビ管で製作費5万円

飯田哲夫（千葉県鴨川市）

畑の隅に設置した太陽熱温水器。太陽光を垂直方向から受けられるように、傾斜角度をジャッキで調整できる

灯油で温めるのはもったいない

定年退職で勤めを終え時間に余裕ができたので、省エネ、省マネーを考え、太陽熱温水器をつくることにしました。素人がつくるのですから、簡単で、入手可能な部品で安く、などと考えてつくりました。

わが家は、井戸水を家庭用ポンプでくみ上げてお風呂に使っています。井戸水の水温は一年中15～17℃くらいで、夏は冷たく冬は温かく感じられます。特に夏場、井戸水を適温の43℃に温めるのに灯油を使うのは、たいへんもったいないことです。

集熱器を兼ねた貯水タンク

以前使っていた市販の温水器は、朝バルブを開けて水を上げ、温まった湯を夕方下ろすという作業が必要でした。面倒くさいので、温水器に水を送るバルブを操作するだけで、温水器で温まったお湯が押し出されるようにしました。塩ビ管を並列に並べ、下から水を入れ、上からお湯を押し出す構造です。

このように水圧で下から押し出すと、温められた温水の温度の高い部分から使うこととなります。温水は冷水より比重が軽いので、塩ビ管の中で混ざることはありません。それにしても、境界部分では多少は混ざるので、温水器（塩ビ管）の容量は湯船の容量（200ℓ）より大きくとって、お湯と水が混ざって温度が下がる部分を使わなくてもよいように250ℓにしました。

ただこの方式だと、塩ビ管内にいつも水を溜めておくこととなる

塩ビ管太陽熱温水器の仕組み

家庭用ポンプで下から井戸水を入れ、上からお湯を押し出す

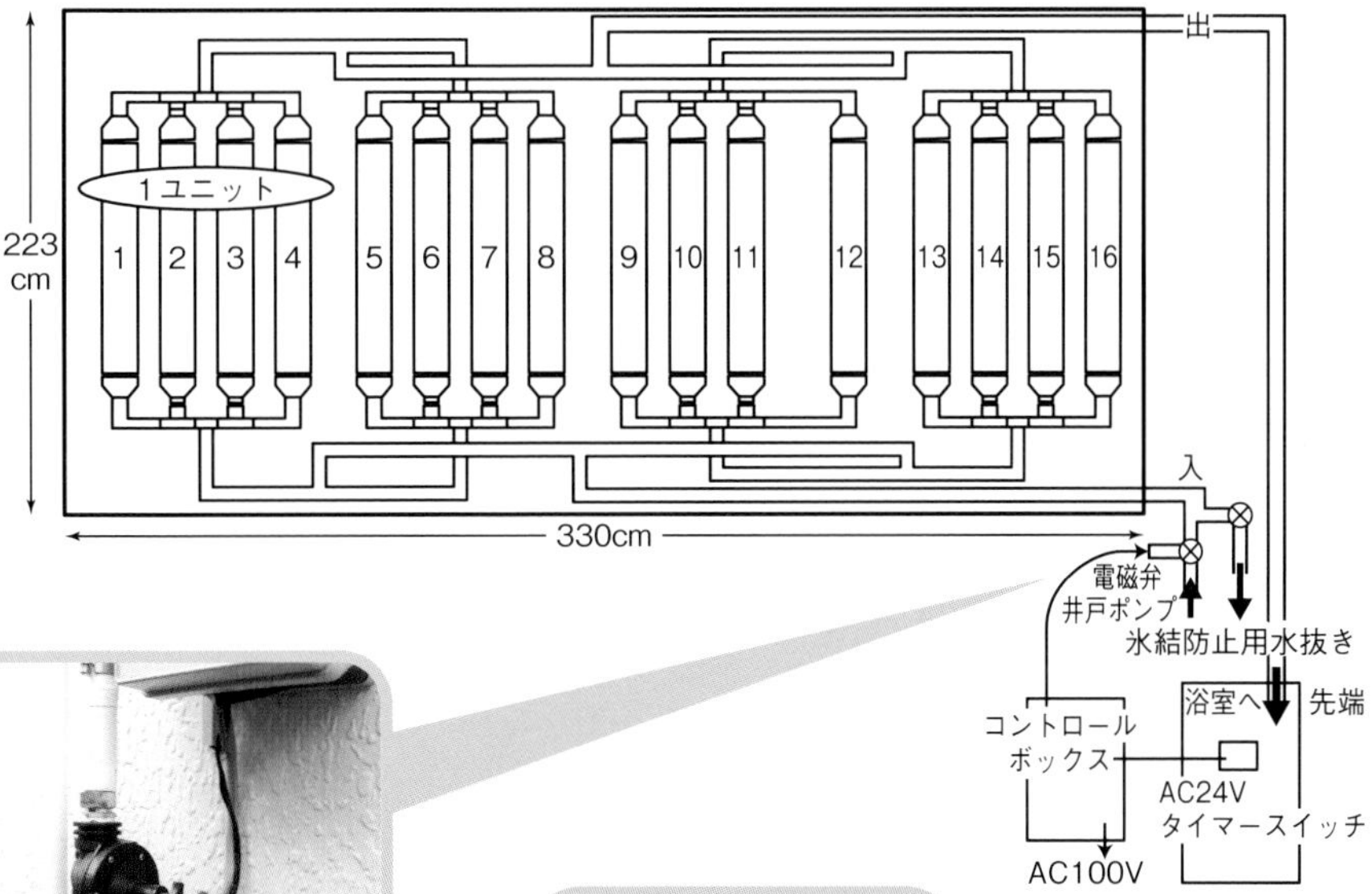

温水器に水を送るバルブを開閉する電磁弁

浴室に設置したタイマースイッチ

ので、寒冷地などで氷結が予想されるときには水を抜き去ることが必要です。水を無駄に捨てることになるので、冬の寒冷地などにはおすすめできません。

タイマーで風呂に一定量注水

完成した2010年8月は、連日30℃を超える猛暑が続いたため、日中、塩ビ管の中の水温は45℃以上になりました。

わが家の風呂はデジタルタイマー付きで夏は5時から16分間、毎日同時刻になると、温水器から湯船に一定量のお湯が注ぎ込まれるようになっています。野良仕事を終えて帰れば、すぐひとつ風呂。お日様のエネルギーで沸いた熱々の風呂が家で待っています。

猛暑日は、夕方になると60℃を超えるほどの温度になっているので、必要量の3分の2くらいの温水を落とし、井戸水で薄めて使いました。

しかし、太陽が出なければただの水溜めであることも判明。曇り

組み立て方と材料

まず温水器のユニットをつくる。直径10cm、長さ2mのUVパイプを16本用意。水を出し入れするためにインクリーザ（直径10cmから4cmに変換する役割）、エルボ、チーズ（いずれも直径4cm）、TS継ぎ手（4×2cm）を写真のように組み立てる。これで約63ℓの水が入る。これを1ユニットとして4ユニットつくる

温水ユニットができたら、それを入れる箱をつくる。最初に足場パイプで架台をつくる。大きさは廃品になったサッシガラスのサイズに合わせた

2×4材のコンパネで枠をつくって、中にユニットを組み込む。ユニットどうしをパイプでつなぎ、ツヤ消し黒で塗装。木でつくった桟の上にガラスを載せ、シリコンコーキングで接着して完成

や雨が続けば、気温が28℃くらいあっても、温水器の温度を測ると外気温とほぼ同じでした。

太陽が出れば冬でも50℃の温水

その後、冬場の対策として裏側に発泡スチロールの3cm板を張り、保温性を高めました。

その効果もあってか、外気温が5～7℃くらいでも太陽が一日照れば、夕方4時頃には最も熱いところで45～50℃くらいまで上がりました。太陽が出れば効果は十分です。

冬場は4時半頃には日が落ちるので、その時点で温水が湯船に落ちるようにタイマーを設定しています。ただし入浴時間までには、4～5時間あり、ボイラーがラジエターになって放熱するので、ボイラーの吸入口に「ふろッキー」という商品（制御弁）を取り付けて温度低下を防いでいます。

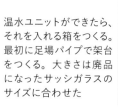

真空管式太陽熱温水器なら、冬でもしっかりお湯になる

野澤一雄（栃木県大田原市・とちぎ e-net）

水タンク
真空管に入ったヒートパイプ

真空管式太陽熱温水器
配管しだいで、水道の蛇口を開けるだけで太陽熱で温めたお湯をどこでも使える。タンク容量が200ℓで24万8000円（税別）。写真の型はおおむね水温プラス30℃になるように設計されており、真冬の水温が10℃とすると40℃前後、真夏はそれより15℃くらい高くなる

太陽でお湯を沸かして大幅に燃料費を減らしたい。でも、従来の太陽熱温水器では冬の採熱能力に不満でした。2010年初め、ネットで偶然見つけたのが「真空管式」の太陽熱温水器です。

魔法瓶のお湯が冷めにくいのは、2層の壁の間にある真空が熱を通さないからです。同じように真空ガラス管は、太陽の光は入るけど熱は逃げません。これを利用した真空管式太陽熱温水器は、寒い冬でも太陽が出ていればお湯を沸かすことができるのです。また、これまでの太陽熱温水器は高所に水を押し上げ、お湯を自然落水させて使うものでしたが、これは水道圧に耐えるよう設計された圧力型なので、屋根に載せる必要がない。

真空管内のヒートパイプは太陽光が当たると発熱、内部の温められた液体が先端まで上昇し、タンク内の水と熱交換します。これを繰り返してタンクの水の温度が上がるのです。真空管内には水はなく、仮に真空管が割れても漏水はありません。また、電気は一切使わないのも気に入っているところです。

筆者。栃木県職員を定年退職後、2013年にとちぎe-net（ライフLABO）を起業。
https://adecolife.com/

真空管式太陽熱温水器の仕組み

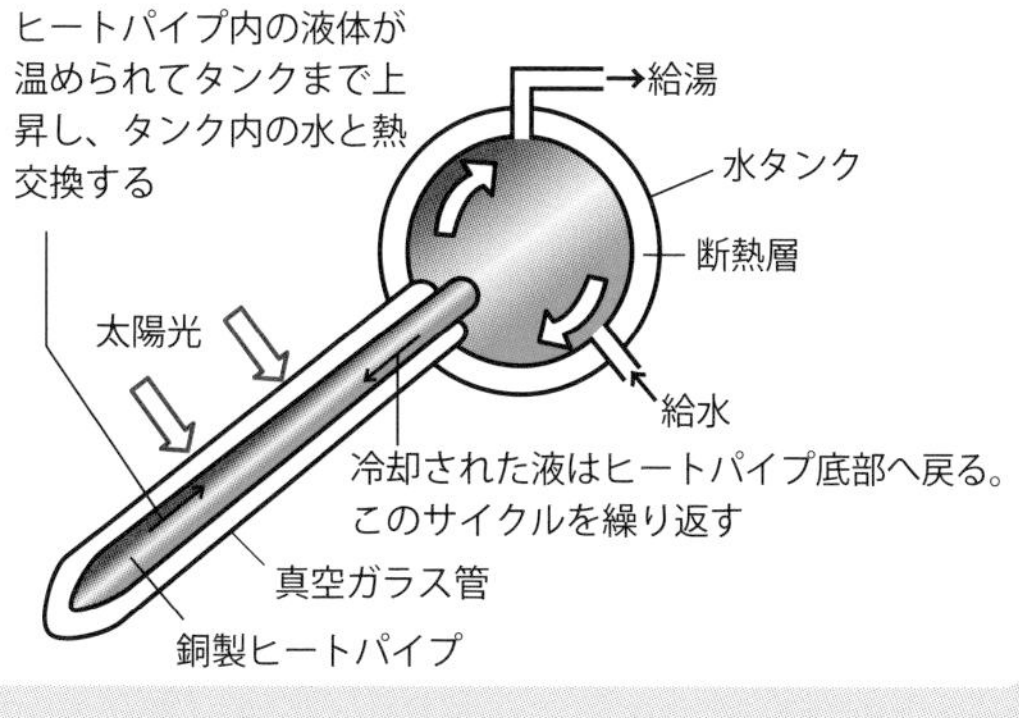

給水
冷却された液はヒートパイプ底部へ戻る。このサイクルを繰り返す

銅製ヒートパイプ

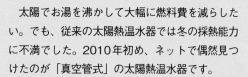

ヒートパイプ内の液体が温められてタンクまで上昇し、タンク内の水と熱交換する
給湯
水タンク
断熱層

約5aでトマト1200本（桃太郎系3品種）を栽培。糖度8度以上で収穫し、3〜4個入り350円で販売する

筆者。2012年に58歳でUターン、トマト栽培を始めた
写真＝赤松富仁（左も）

石垣棚田ハウス——蓄熱効果でトマトの無加温栽培

野々宮益輝（高知県仁淀川町）

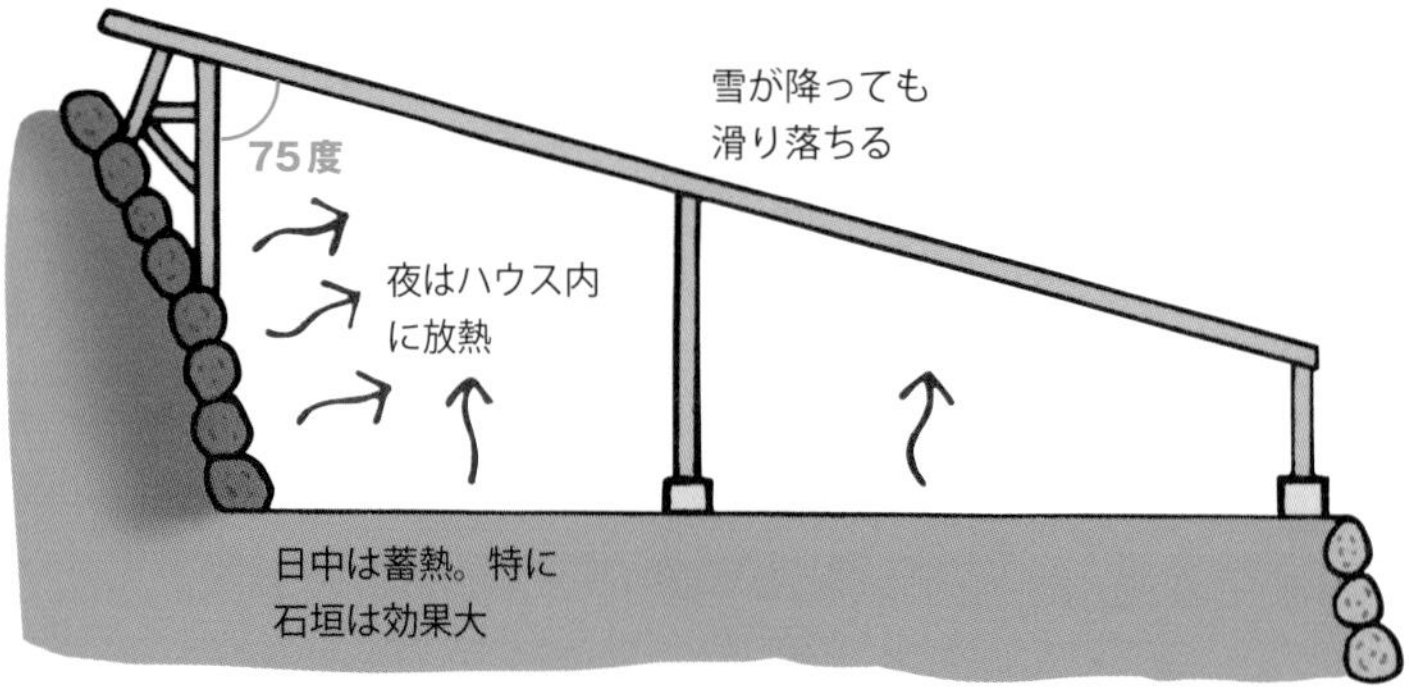
75度
雪が降っても
滑り落ちる
夜はハウス内
に放熱
日中は蓄熱。特に
石垣は効果大

棚田の石垣を背面にし、間伐材の支柱を設置。傾斜のある屋根を付けることで雪が降っても滑り落ちる

高知県仁淀《によど》川町大植《おおうえ》地区の棚田は、標高450mの急峻な山腹にあり、崩れないよう石垣を積んでつくられています。私のハウスは、耕作放棄地になっていた実家の棚田（約5a）を石垣ごと覆うようにして建てました。

日中は、日差しを受けて石垣と地面に蓄熱。夜間は放熱してハウス内を暖めるという仕組みです。真冬に1週間も曇天が続いたり、雪が降ったりしたときなど、石垣は太陽熱を蓄熱しませんが、地熱は放出されます。夜間は外気温がマイナス5〜6℃になっても、ハウスの中は4〜5℃を保ってくれます。そのため、トマトは暖房器具を使わずに無加温で栽培。9月上旬の定植で、12月下旬〜翌7月まで出荷が続きます。

ハウスの骨組みは、すべて地元の間伐材を使っており、農家仲間と建てました。木造ハウスは金属パイプより安価なうえ加工しやすく、断熱にも優れているので一石二鳥です。

PART 2

水の力で発電・動力に活かす

山の暮らし
小水力発電に活かさない手はない

岐阜県中津川市付知町《つけち》・口田《くちた》哲郎さん

文＝編集部　写真＝大西暢夫

この用水路の取水口には毎朝来るんですよ。落ち葉なんかが詰まってないか気になってね
そういう水を大事にする気持ちが、発電の基本なんですね

口田哲郎さん
80歳の「大台」が近づきながら、ブルーベリー園（約1000本）を経営し、ニホンミツバチを飼う。茶華道の家元。都会からキャンプにやってくる子供たちの自然体験のガイドも

高野雅夫さん
名古屋大学大学院環境学科教授（当時は准教授）。『人は100Wで生きられる』（大和書房）などの著書がある

「せっかく山の中で暮らしているのに、いろいろやらんとおもしろくない」という口田哲郎さん（78歳）が、とりわけ時間と情熱を注ぎ込んでいるのが「発電所」だ。名古屋大学で自然エネルギーを研究する高野雅夫教授（p26）と一緒に現地を訪ねた。

口田さんが自家水力発電を始めたのは、会社を退職した2001年のこと。親戚の倉庫に眠っていた小さな水車をもらってきて、増速機やバッテリー、インバーターを接続、屋敷内を流れる水路に据え付け、軒先の20W電灯をともすのに成功した。

戦前、戦中の頃、集落には小さな水力発電所があり、当番の家が

岐阜県
付知町
中津川市
岐阜市

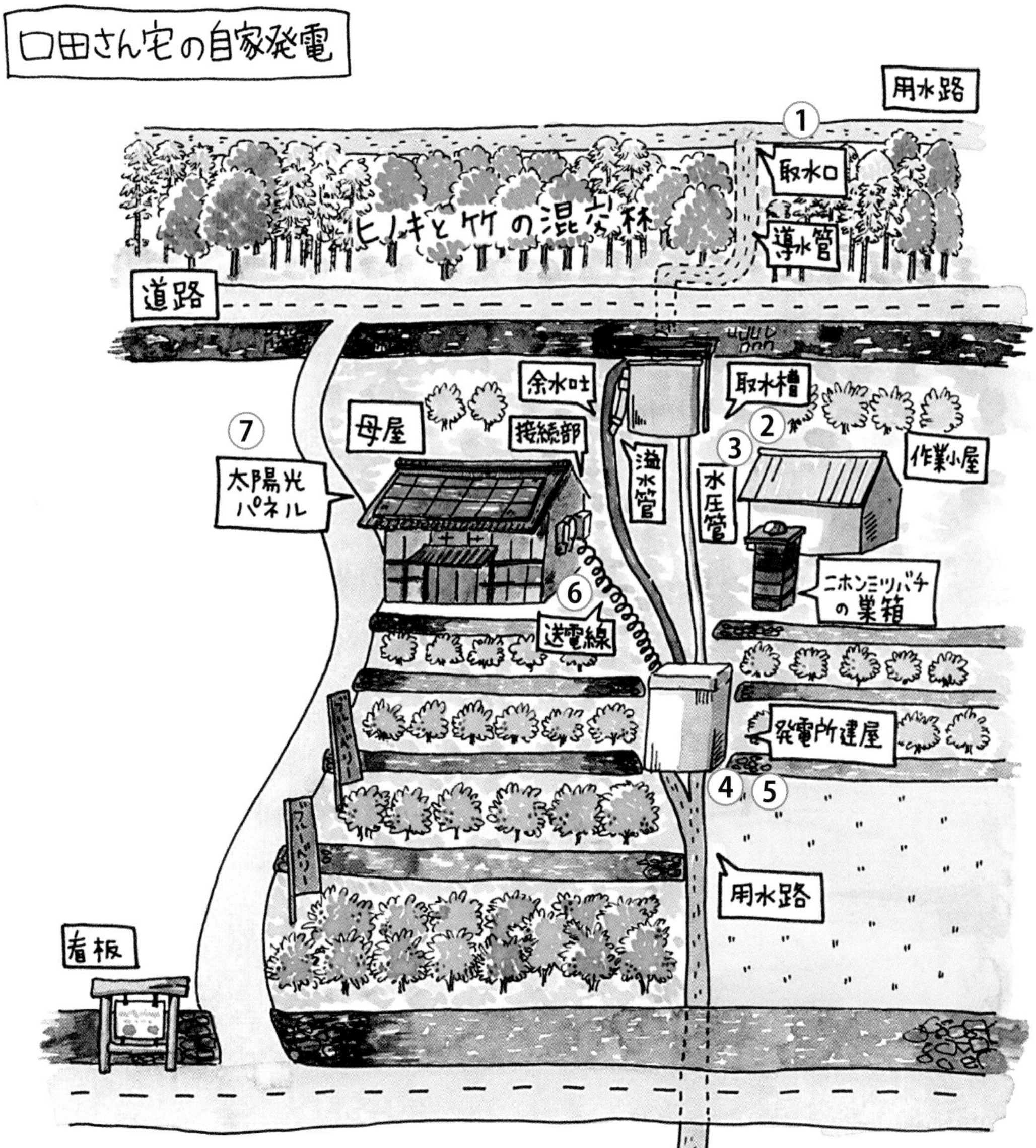

イラスト＝高砂裕伊

見回りに行くことになっていた。幼い口田さんも父親と、木の葉が詰まっていないか、提灯を下げて見に行った覚えがある。

自力で発電機をつくろうと思ったのも、屋敷畑で野菜を育てるように、家で使う電気は家で賄う――そんな暮らしを復活できないかと思ったからだ。

二人三脚の発電所づくり

もう少し本格的な水力発電をやってみたいと思っていたら、『現代農業』（２００２年３月号、４月号）に石田正さんの「小型水力発電入門」という記事が掲載された。愛知県在住の石田さんは電気の保守管理が本業で、あわせて小水力発電を普及するための製作実験を各地で進めており、口田さんの家に近い渡会《どあい》温泉の水力発電機も設置したという。

さっそく連絡をとってみた。「とにかく10日間水量を測ってみて」といわれ、流量計もないので５ℓバケツで水量を測ったところ

ここから4軒分の農業用水を引いている

導水路から発電用の水を受ける取水槽。酒造会社で不要になったタンク（$6m^3$）を10万円で買った。それ以上値引きできないというので、バックホーで掘って、据え付ける作業代込みにしてもらった

取水槽の除塵装置。給水口と水圧管への出口にそれぞれステンレス網をかけて落ち葉や小石などが入らないようにしている

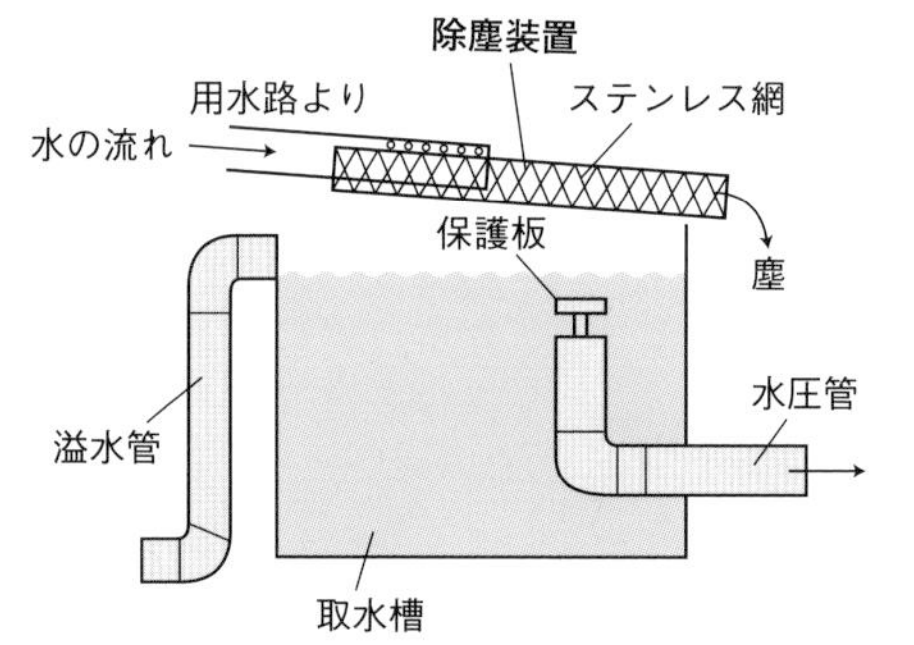

ステンレス網を通った小石が圧力管に入るのを防ぐため、保護板を付けた

4ℓ／秒くらいはあることがわかり、さっそく石田さんに報告。「それなら行ってみよう」ということになった。以来、口田さんと石田さんの二人三脚による自家発電所づくりが始まる。

下水道工事を仕事にしていた口田さんは、土木工事はお手のもので、発電所建屋の敷地をバックホーで整地したり、岩を砕いたり、ヘッドタンクや塩ビ管を据え付けたりといったことは全部自分でやった。水車やモーターなどの発電設備は石田さんに任せた。

2基の発電機で出力600W

小水力発電1号機が稼働したのは2002年12月。落差は約15m、塩ビ管を使った導水路の総延長は70mにもなった。04年には同じ建屋にもう1機発電機を備えた。現在は、クロスフロー水車の発電機2基で、合計600W程度の出力になる。建屋には太陽光発電用のパワーコンディショナーを設置。発電した電力を直流から家庭用の

4 発電所建屋

この頃は発電機の
音を聞いただけで、
調子がわかるね
機械に愛情を持って
接するから、調子よ
く動くんですね

発電所建屋
用水路へ

この中に2機の発電機とパワーコンディショナー1機などを収める。水圧管で発電機まで導いた水は、床下を流れる用水路に合流する

交流に変換し、品質を調整している。

水車とモーターが一体となった発電機は1台約20万円、パワコンが約40万円、発電所建屋内の設備だけで総額80万円ほどかかったが、口田さんは大満足だ。

電力会社とひと悶着

中部電力とはひと悶着あった。口田さんは2005年、母屋の屋根に太陽光パネルを設置したのだが、その際、オール電化の契約をしたほうが有利と言われて契約しかけたことがあった。ところが、中部電力の職員が設備の確認に来て、「薪ストーブを撤去しなければ、オール電化は契約できない」という。大事な薪ストーブをやめるなんてばかばかしいと、契約はとりやめることにした。

もう一つは「封印」事件だ。11年4月になって、中部電力の職員2名が口田さん宅を訪問、口田さんはあいにく留守で妻の晴江さん（75歳）が対応したのだが、発電

5 水車発電機

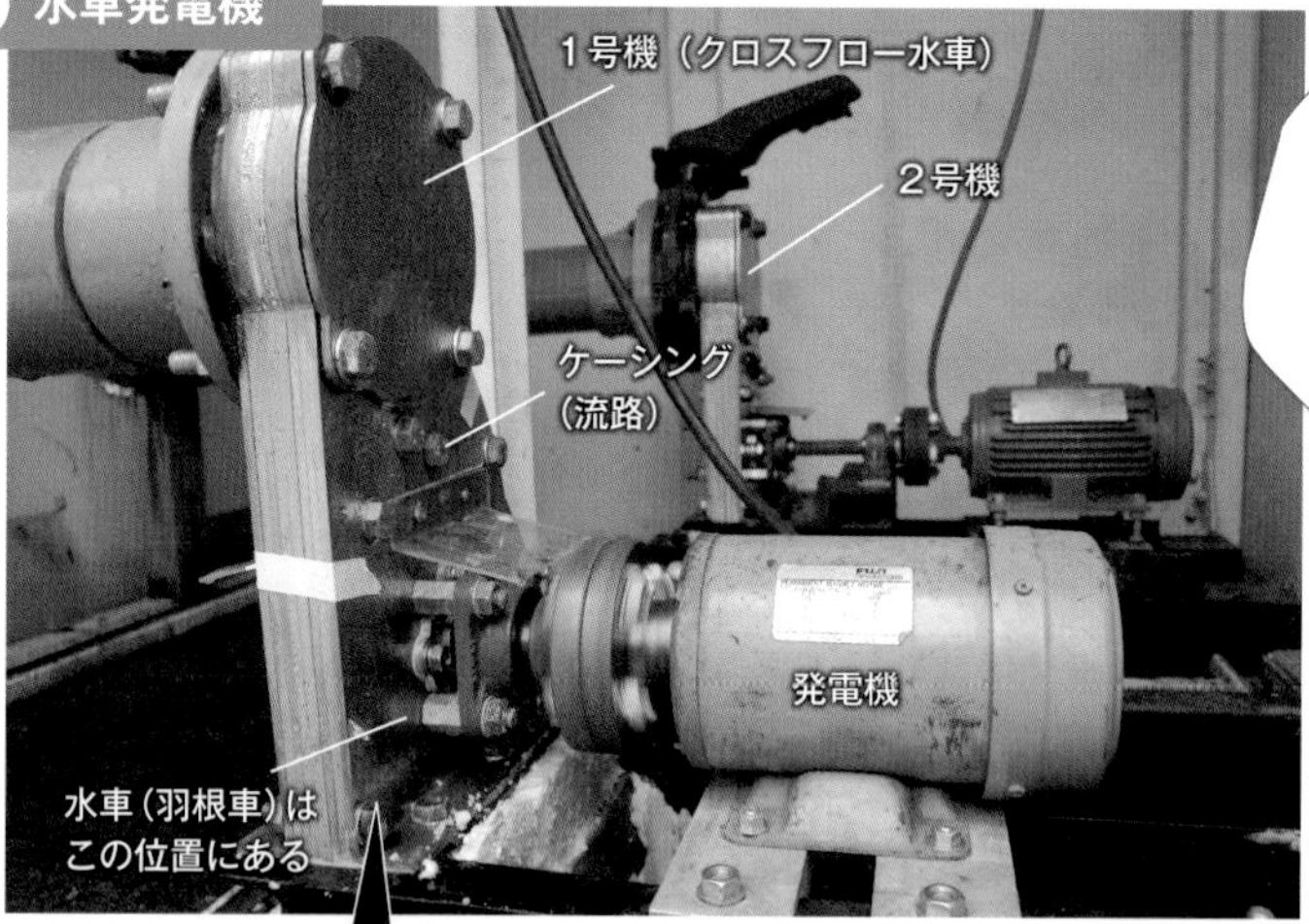

水車と発電機が直接つながって高速回転するから、増速機がいらない。落差15m分の水圧（1.5気圧）を受け止める構造として、左側の部分を金属板を重ね合わせてつくっているのも、簡単でよい工夫ですね
（高野さん）

クロスフロー水車の内部

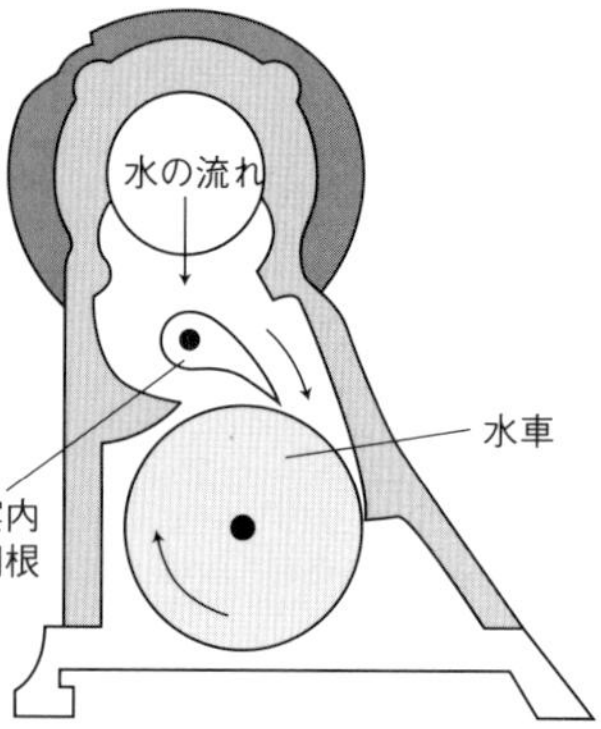

6 配電線への接続部

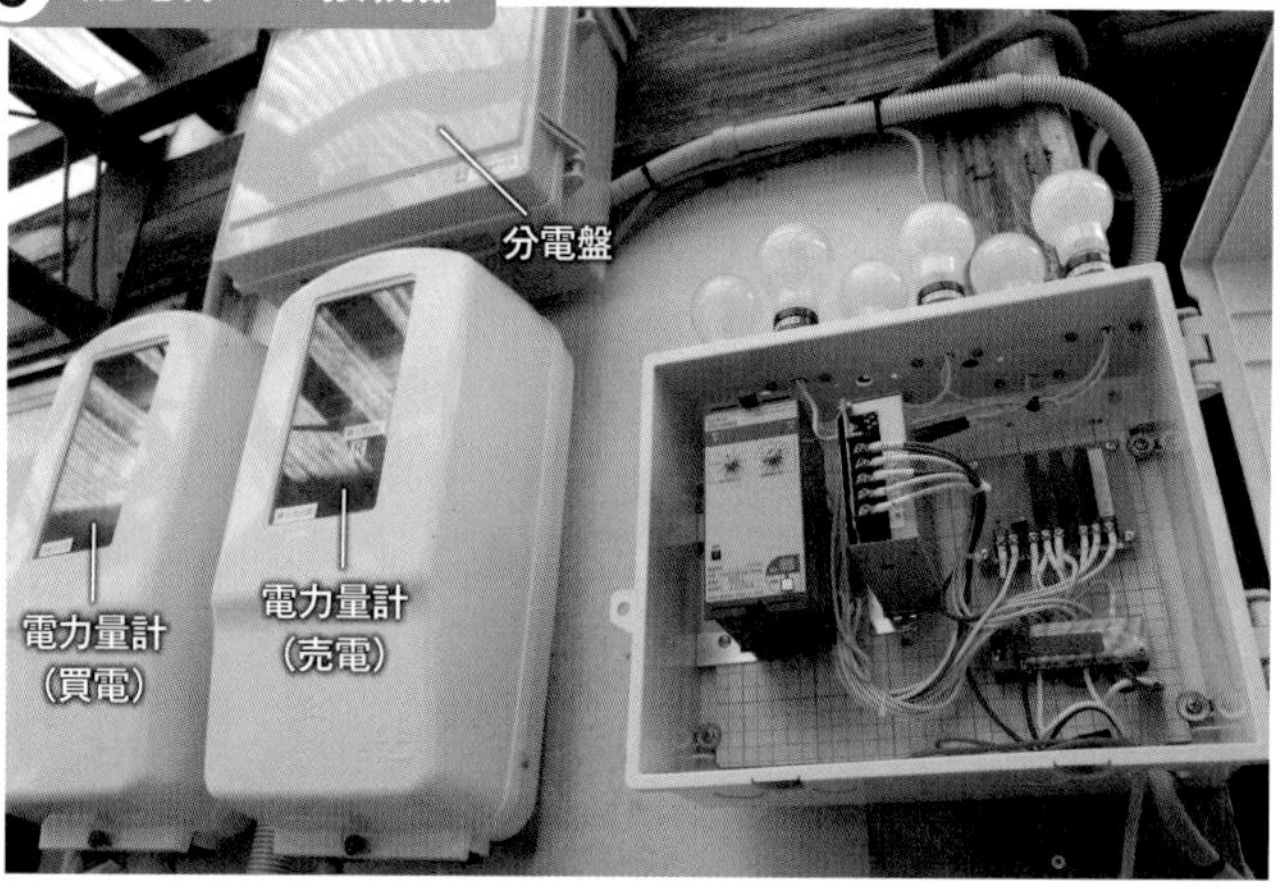

右の装置は水力発電の電気を商用の配電線に接続する部分の受電用遮断器。逆潮流しないように、家庭消費電力以上の電気が生まれたときは上の電球をともしてエネルギーを放出する

所建屋のブレーカーを落とし、水車を止めて帰ったのである。どうやら水力発電の電力を系統連系し、結果として太陽光の電力とまぜて売っていることが問題と判断しての強制措置らしい。

口田さんにしてみれば、無断ではなく太陽光パネルを設置したあとに中部電力に小水力発電の系統連系についても相談しており、発電所の設備も見てもらっている。それから5年も経って問題にされるのは納得がいかなかった。

結局、石田さんが間に立って水力発電機から建屋内のパワコンを経て、母屋で商用の配電線に接続するところに逆潮流防止装置を設置することで決着した。

そんなわけで、いま口田小水力発電所の電力は、家庭で消費する分のみに振り向けられている。

あなどれない自家発電の実力

こうした「道楽」ができるのも妻の晴江さんの理解があればこそだ。そもそも再生可能エネルギー

7 太陽光パネル

2005年に屋根に取り付けた出力5kWのパネル（三菱製多結晶タイプ）。設置費用は約400万円で、市から7万5000円の補助が出た

口田家の電気製品リスト

	台数	1台当たりの消費電力
ストッカー	3	500 W
蛍光灯	8	40 W
白熱灯	2	60 W
LED 電球	3	10 W
冷蔵庫	5	300 W
トースター	1	1200 W
オーブントースター	1	600 W
電子レンジ	1	700 W
IH クッキングヒーター	2	3000 W
電気炊飯器	1	1300 W
ホットプレート	1	1200 W
洗濯機	1	545 W
掃除機	3	1000 W
扇風機	4	40 W
ドライヤー	2	1200 W
アイロン	1	700 W
こたつ	2	600 W
電気カーペット	2	100 ～ 900 W
液晶テレビ	4	209 W
デスクトップパソコン	1	189 W
ノートパソコン	1	100 W
給湯器	1	161 W
温水洗浄便座	3	53 W
換気扇	2	44 W
DVD レコーダー	1	42 W
マッサージチェア	1	25 W
電話機	1	3 W

使っていないもの　エアコン（500W）食洗器（1200W）など

2世帯住宅でブルーベリー摘みのお客さんも来るからね。ブルーベリーの保管のためにストッカーが3台、冷蔵庫も5台もあるし
それにしても電気使用量が多いですね。月1000kWh近い

に最初に関心を持ったのは研修会に参加した晴江さんのほうで、太陽光パネルの設置を決断したのも晴江さんだという。

口田家の電気代についていえば、前月に中部電力から請求された電力使用量・代金は８３０kWh・１万３５９１円、中部電力に売電したのは４０９kWh・１万９６３２円（太陽光発電のみ）。小水力発電の家庭内消費に回った電力量は不明だが、太陽光発電だけでも収支はプラスになる。ブルーベリーの保存などに使う大型ストッカーが３台もあり、長男夫婦と育ち盛りの孫３人の７人が同居している口田家は電気使用量も多く、小水力の自家発電の効果は小さくない。

しかし、口田さんとしてはそのことよりも、毎日水路やタンク、発電所を見回りにいけば自然に足腰の鍛錬になるし、「自転車のチェーンで24時間動く除塵機がつくれないか」といったアイデアを考え続ける生活が何より楽しくてたまらない。

小水力発電の基礎知識

まとめ＝編集部

手づくりの水車で小水力発電

小水力発電とは

文字どおり、小さい規模の水力発電のこと。水の流量と落差を利用して水車（タービン）を回し、その回転を発電機に伝えて電気を起こす。一般的には、最大出力1000kW以下を「小水力発電」と呼ぶ（さらに100kW以下をマイクロ水力発電、1kW以下をピコ水力発電と細分化する場合もある）。

小さい水力発電は、農家にも人気がある。チョロチョロ流れる小川、田んぼの用水路、山の雪解け水など、目の前の水流を電気に変えられたら……と考える人は多い。天候に左右される太陽光発電や風力発電と違って、水の流れさえあれば、一年中・24時間発電が可能。出力が小さい装置でも、年間の発電量は意外と大きい。

発電規模の計算方法

水力発電の出力（kW）は、流量と落差がわかれば、以下の式で簡単に計算することができる。

出力（kW）＝流量（m^3/s）×有効落差（m）×9.8（重力加速度）×0.7（発電効率）

仮に、流量0.05m^3/s、有効落差10mの小水力発電の出力は、

0.05×10×9.8×0.7＝3.43kW

年間発電量は、

3.43×24時間×334日（稼働11カ月）

＝2万7495kwh/年

一般家庭の平均的な電気使用量は年間5500kWh程度なので、これで5軒ほどの電力を賄うことができる。

有効落差を把握する

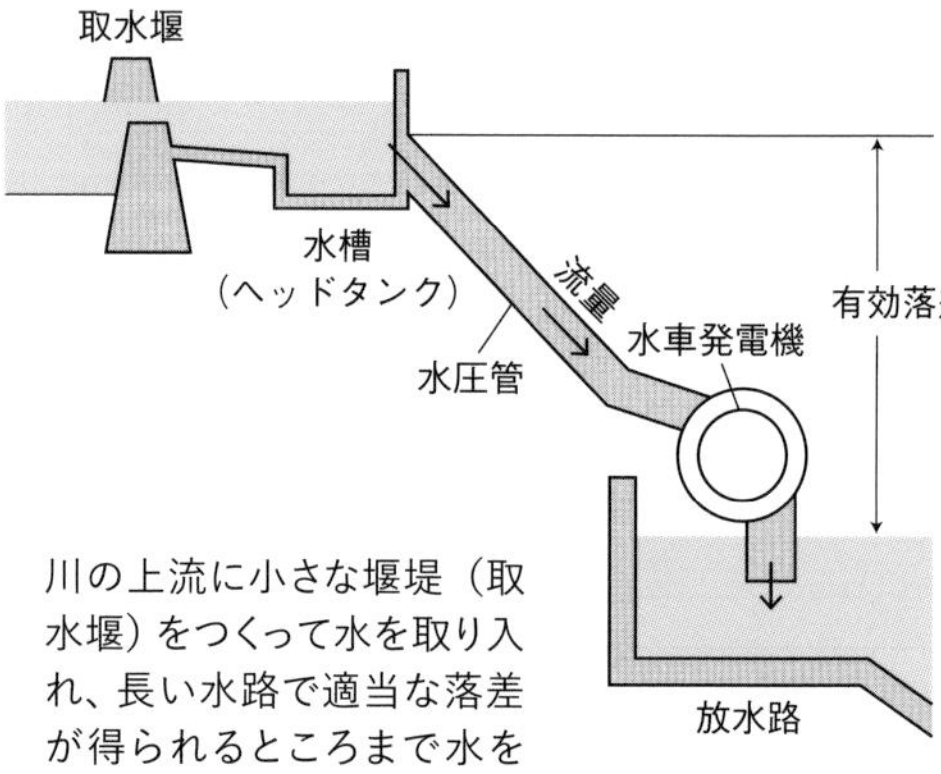

川の上流に小さな堰堤（取水堰）をつくって水を取り入れ、長い水路で適当な落差が得られるところまで水を導いて、水圧管路の落差を利用して発電する

申請手続きが簡素化された

小水力発電を始めるにあたっては、申請手続きの煩雑さが障害になっていた。だが、2013年の法改正により「従属発電」(他の目的で取水された水を利用して行なう発電)の水利権は登録制となり、関係行政機関との協議や関係利水者の同意が不要になった。

小水力発電に必要な手続き

<table>
<tr><th colspan="3"></th><th>改正前</th><th>改正後</th></tr>
<tr><td colspan="3">一般電気工作物の範囲</td><td>10kW 未満
(電圧 600V 以下、ダムを伴うものを除く)</td><td>20kW 未満で、流量が 1m²/s 未満(電圧 600V 以下、ダムを伴うものを除く)</td></tr>
<tr><td rowspan="4">法的手続き</td><td colspan="2">工事計画届けの範囲</td><td>10kW 未満は不要</td><td>①ダムがなく、200kW 未満で、流量が 1m²/s 未満の場合は不要
②上水道施設、下水道施設、工業用水施設に導入される場合も不要</td></tr>
<tr><td rowspan="2">主任技術者の選任</td><td>電気主任技術者</td><td>10kW 未満は不要</td><td>20kW 未満は不要</td></tr>
<tr><td>ダム水路主任技術者</td><td>10kW 未満は不要</td><td>①ダムがなく、200kW 未満で、流量が 1m²/s 未満の場合は不要
②上水道施設、下水道施設、工業用水施設に導入される場合も不要</td></tr>
<tr><td colspan="2">保安規定の届出</td><td>10kW 未満は不要</td><td>20kW 未満は不要</td></tr>
</table>

低落差・小流量でもしっかり発電 持ち運び便利な小さいエネルギー

水路に置くだけで発電する「ピコピカ」は、落差がほとんどなくても、幅30cm以上、毎秒10ℓの流量があれば、天候に左右されずに常時10W程度発電する。

発電機は市販の自転車用のハブダイナモ、らせん式水車の羽根はペットボトルキャップを再利用したポリ製。重さ17.5kgで、持ち運びも簡単だ。防犯灯や獣害除けの電気柵の電源として使え、災害時などエネルギーの供給がストップした場合でも、わずかな水量があれば発電できる。

ピコピカは、長さ108cm、幅28cm、高さ38cmで、価格は8万2500円(税抜)
詳細は、有限会社角野製作所
http://suminoseisakusho.jp

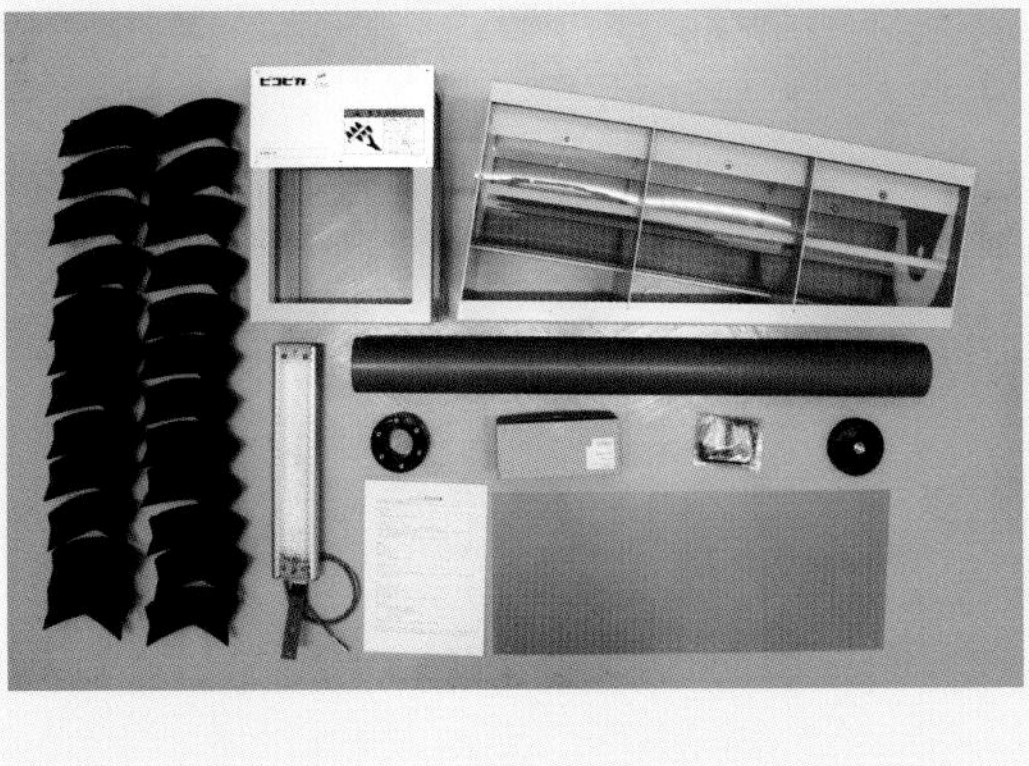

組み立てキット式で、不具合が生じても部品の修理や交換が自分たちでできる

発電適地を探せ
むらの小水力診断

まとめ＝編集部

地域にはいろんな水の流れがある。小水力発電に使えそうな水はどこか？目のつけどころとは何か？

①昔、水車小屋があった場所

時代をちょっとさかのぼれば、粉挽きや精米用の動力水車がむらのあちこちで活躍していたはずだ。そういう場所は水が豊富で発電の適地であることが多い。

②落差がとれる用水路を探す

発電に適した水を選ぶポイントは、落差（取水位と放水位の

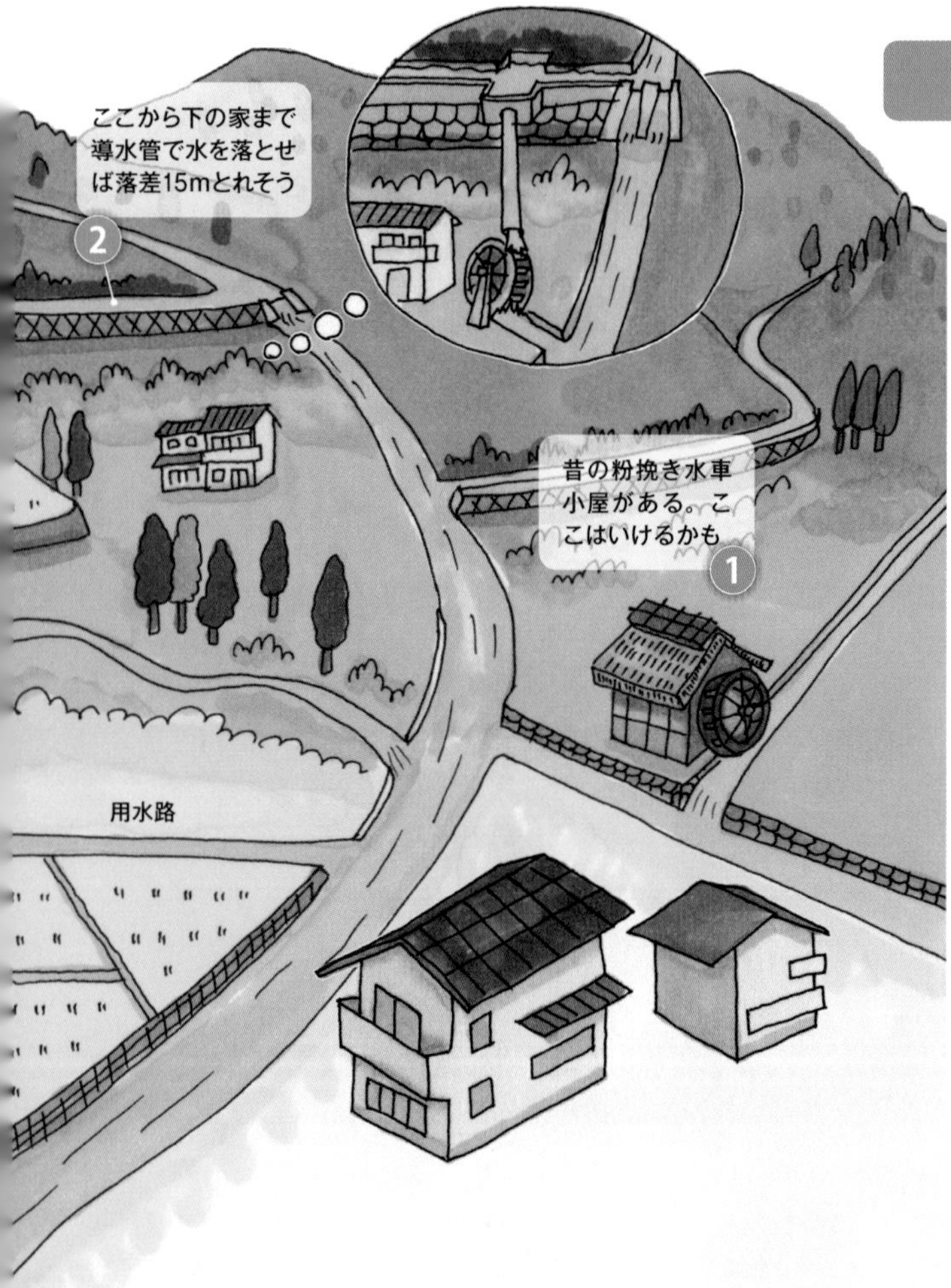
ここから下の家まで導水管で水を落とせば落差15mとれそう
2
昔の粉挽き水車小屋がある。ここはいけるかも
1
用水路

イラスト＝キモトアユミ

発電適地を見つけた事例より

1 水車小屋を復活させた

福岡県糸島市の「白糸の滝ふれあいの里」では、九州大学とともに休止した観光用の動力水車を発電用に再生（出力400W）。水車を回して電気を起こせることが実感できたので、本格的な発電にステップアップした。

2 山の用水路から水を落とした

岐阜県中津川市の農家・口田哲郎さん（p 54）は、山際の用水路に取水口を付け、塩ビパイプの導水路で15 mの落差を確保。70 mほど離れた自宅内の水車に水を引き込んだ。

用水路
取水口

写真＝大西暢夫

高低差）と流量だ。流量は天候や季節で変動しやすいが、落差は不変なので、まず落差がとれる水に目をつけたい。

特に、中山間地域は傾斜地が多いので落差のとれそうな山際の用水路が見つかりやすい。

③平地にも低落差はある

平地であっても、発電効率を上げるには50㎝～1ｍの落差は確保したい。たとえば、農業用水路なら、田んぼに水を揚げるための堰板の設置ポイントや、流速を抑える落差工、河川に戻す落ち水などの小さな落差がねらい目だ。

申請が簡単な「従属発電」地点

小水力発電は申請書類が煩雑と思われがちだが、農業用水路の末端など、すでに別の目的に使われた水で発電する「従属発電」なら手続きが簡素化されている。１kW以下の自家発電は工事計画届も不要。

3 堰板で水路内に落差をつくった

三重県多気町の水土里ネット立梅《たちばい》用水は、水路内に設置された既存の堰板に水車発電機を掛けて、落差50cmを確保。低落差ながら流量を活かして400Ｗ発電する。

写真提供＝水土里ネット立梅用水

4 バイパス水路にらせん水車

岐阜県郡上市石徹白《いとしろ》地区では、幅１ｍのスロープ状のバイパス水路を設けて、60cmの落差を確保。らせん水車を設置して600Ｗの電気を起こす。

写真＝大西暢夫

堰板で水をせき止めれば落差ができるぞ
流速を抑える落差工にも水車が置けそう
3
4
バイパス水路にスロープを付ければ60cmほどの落差を稼げる
水路の水を河川に落とすところも使えそう……

水車のいろいろ

まとめ＝編集部

小水力発電は、水の力で水車を回し、その回転を発電機に伝えて電気を起こす。ひとくちに水車といってもいろんなタイプがあるが、地域の条件に合うのはどの水車？

水の落差と流量から水車を選ぶ

- **重力水車**（水の重さを利用）── 開放型水車
  - 下掛け水車
  - 胸掛け水車
  - 上掛け水車
  - らせん水車
- **反動水車**（水の圧力を利用）
  - プロペラ水車
    - ストレートフロー水車
    - チューブラ水車
    - カプラン水車
    - 斜流（デリア）水車
  - フランシス水車
- **衝動水車**（水の速さを利用）
  - クロスフロー水車
  - ターゴインパルス水車
  - ペルトン水車

低 ↓［落差］↓ 高

中山間地域のような落差が大きいところならば、水の速度を利用する「衝動水車」、平地でも流量があるなら水の圧力を利用する「反動水車」が向いている。水の重さを利用する「重力水車」は超低落差の場所でも設置でき、既存の水路を使えば配管土木工事も不要。外灯や電気柵など、小さい電気を起こすのにはおすすめだ。

下掛け水車

誰もが一目でわかるザ・水車。かつては揚水や粉挽きなど、動力として活躍していたが、今では景観を活かした発電に一役買っている。水を掛ける高さによって「上掛け」「胸掛け（中掛け）」がある。

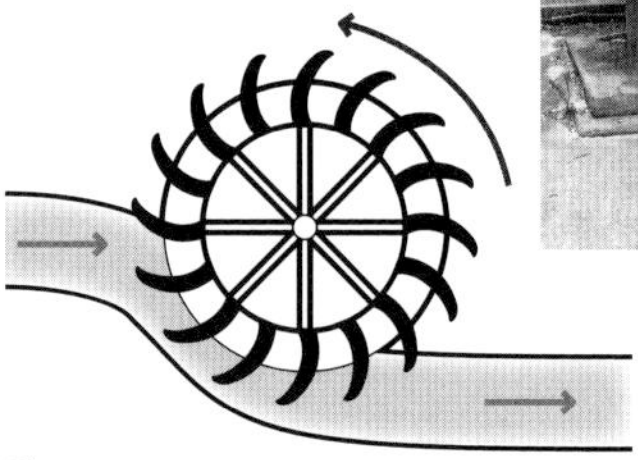

家中川小水力市民発電所
山梨県都留市

落差：2m
流量：2.0m³/s
出力：20kW
用途：市庁舎の電気として利用、夜間や土日は売電

らせん水車

落差1m以下の水路にそのまま設置できる。やっかいな落ち葉やごみが絡みにくく、メンテナンスもしやすい。

NPO法人やすらぎの里いとしろ
岐阜県郡上市

落差：0.8 m
流量：0.2m³/s
出力：0.5kW
用途：NPOの事務所の照明や外灯に利用

写真＝大西暢夫

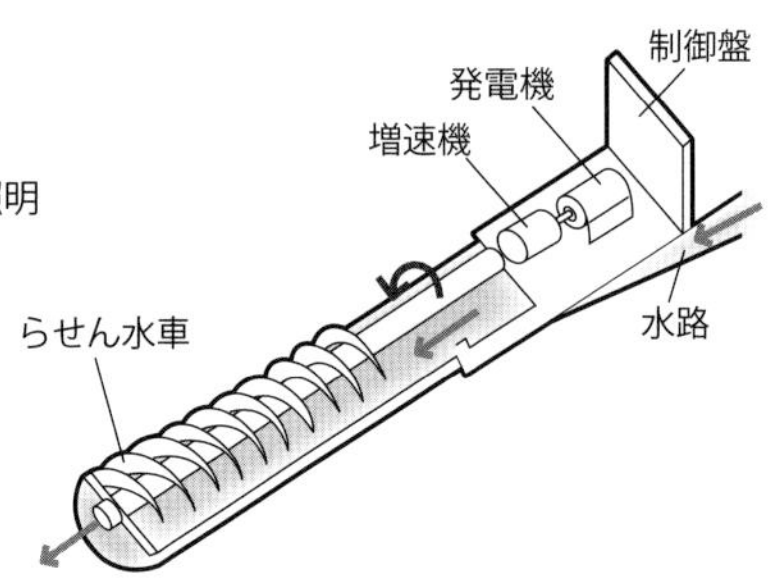

カプラン水車

低落差・大流量の地点におすすめの水車。水車の軸方向に流れる水を案内羽根（ガイドベーン）で落とし、ランナーを回す。

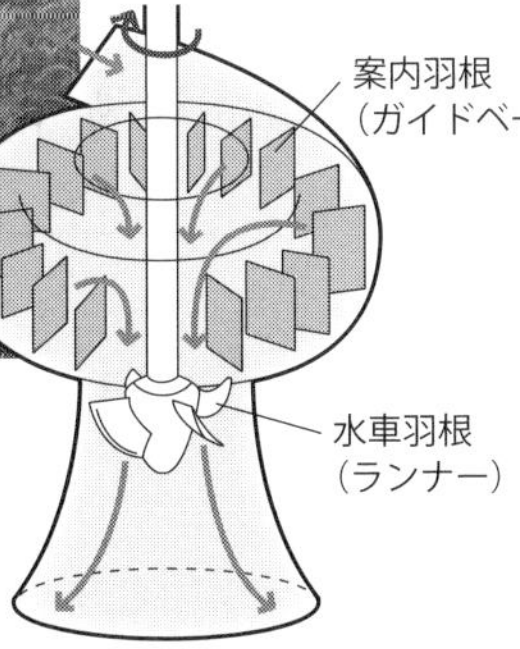

那須野ヶ原土地改良区連合会
「百村第２発電所」
栃木県那須塩原市

落差：2 m
流量：2.4m³/s
出力：30kW
用途：3カ所の落差工に設置して売電

フランシス水車

落差と流量の適応範囲が広いことから、大きめの小水力発電所で多く使われる。水圧管路を通った水は渦巻きケーシング（流路）を通って、全方向から水車羽根に直角に流入。案内羽根で効率よく水車に水圧をかけられるので発電効率もよい。

写真＝尾﨑たまき

富士緒井路第１発電所
大分県豊後大野市

落差：25.5 m
流量：2.0m³/s
出力：380kW
用途：全量売電、賦課金の削減に充てる

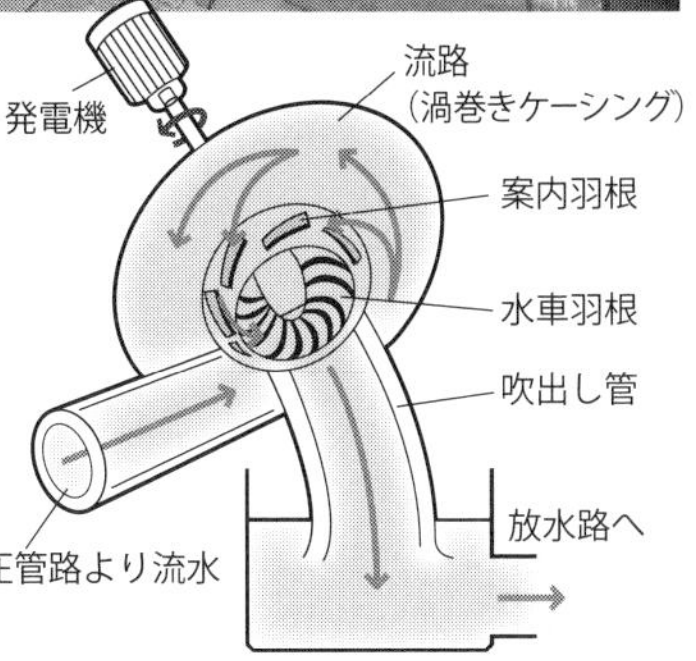

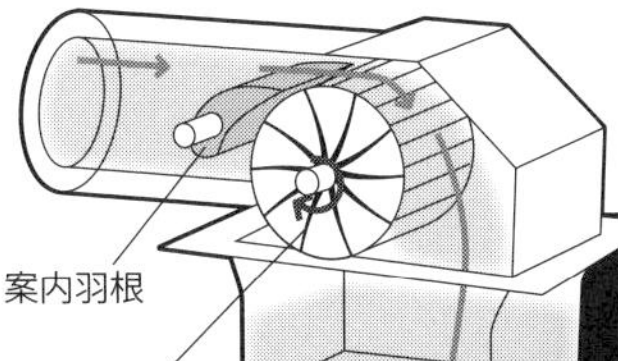

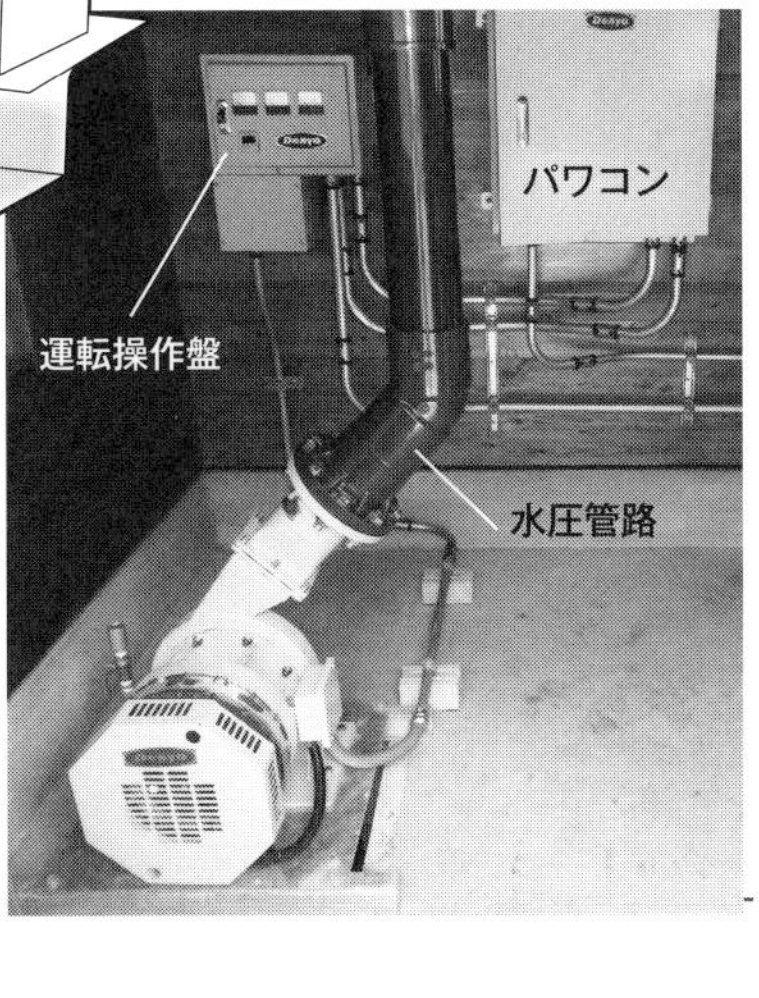

㈱デンヨーは、落差10〜30mで最大5kW発電できる超小型マイクロ水力発電［MHG-5］を発売（売電可能な連携仕様で600万円）。東京都立奥多摩湖畔公園・山のふるさと村では同製品を使って施設の電気を賄っている

クロスフロー水車

中落差・少流量向きだが、特に流量の変化が大きい場所で力を発揮する。シンプルな構造で、案内羽根で調整された流水が水車羽根の上部から流れ込む。

ごみ取り不要のミニミニ水力発電所をつくった

井深貞夫（岐阜県大野町）

定年を機に一念発起

わが家は幅３ｍに満たない川の縁にあり、水が絶えず流れ、せせらぎの音があります。日々その音を聞いていると、あるときふと何かが気になり始めました。川の水が「これでいいのか。ただ流れている。それだけではもったいなくないのか」と言っているような気がしたのです。今から20年ほど前のことです。

その後、世の中が温暖化、自然エネルギー話題で一色となるなか、電力関係の会社に勤めていた私（当時55歳）は電気のことは多少わかっていたので、いち早く小型の太陽光パネルを自宅の屋根に付けたり、ミニ風力発電も手掛けました。しかし、天気次第で発電しなかったり、

自宅裏の川（一級河川の根尾川から分岐）に設置した小水力発電装置は、岸から横に延ばしたアームに固定しており、取り外しが簡単。らせん状のプロペラ水車は水中で回るので音も静かだ

自作の水力発電機を持つ筆者（71歳）。「日本一小さなピコ小水力発電所」の看板を掲げる

音がうるさかったりと、何かもの足りなさを感じずにはいられず、その間も川の流れのことが頭から離れませんでした。

そして２００４年、定年を迎えて時間もできたことから一念発起。この川で小水力発電を志すことに決めました。

水車の選択は正しかったが……

水力発電は、落差や流量によっていろいろなタイプの水車があります。私の場合は、水深18～40㎝、流速１㎥／ｓの川の流れを使ったピコ水力発電です。小さな装置である程度の出力を出すには、水車もそれなりに限られてきますが、３年間試行錯誤した結果、水中プロペラ式のらせん水車を選びました。

扇風機の羽根のような形状をしたプロペラ水車は、水の中でたいへんよく回りました。しかし、小さいごみがからむと止まってしまうことが多く、これでは安定した発電ができません。水車の前にごみ除けの網を付けるか、ごみがからまない水車をつくる必要がありました。

仮設トイレの換気扇がヒント？

あれやこれやと考える日々が続くなか、車で走っていると、工事現場の仮設トイレから延びる換気用のパイプが目に入りました。その先端でクルクル回転する紡錘形の換気扇を見て、ふと思いついたのです。長い軸の先に、紡錘形の心棒とらせん状に広がる羽根を付ければ、外向きの水流が発生してごみがからまないのではないか。

さっそく試作にかかりました。紡錘形の心棒にはすりこぎ棒を利用。らせん状に切り込みを入れ、そこに厚さ１㎜のアルミ板でつくった羽根を３枚差し込んでネジで固定しました。これがたいへん難しく、羽根の角度に少しでもズレがあると回転ブレを起こしてしまいます。

発電機には、防水性が高い自転車のハブダイナモ（定格６Ｖ－２・４Ｗ）を使用。長さ１・２ｍ、５㎜径のステンレスの棒を軸にして、らせん状のプロペラの回転を伝えて発電する仕組みです。

ごみ取り不要の回転翼で特許

構想から6年、ようやく納得できるピコ水力発電機が完成したので、恐る恐る川の中に入れてみました。

これでごみが引っかからなければ完成

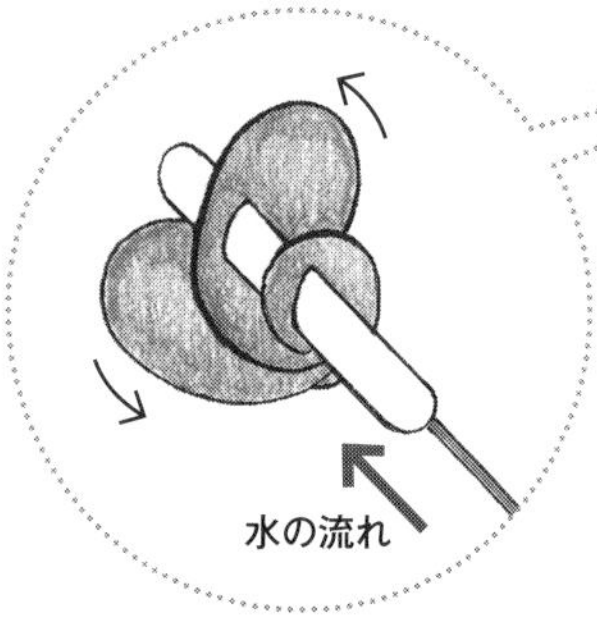

紡錘形の心棒にらせん状に広がる羽根を3枚巻きつくように付けた

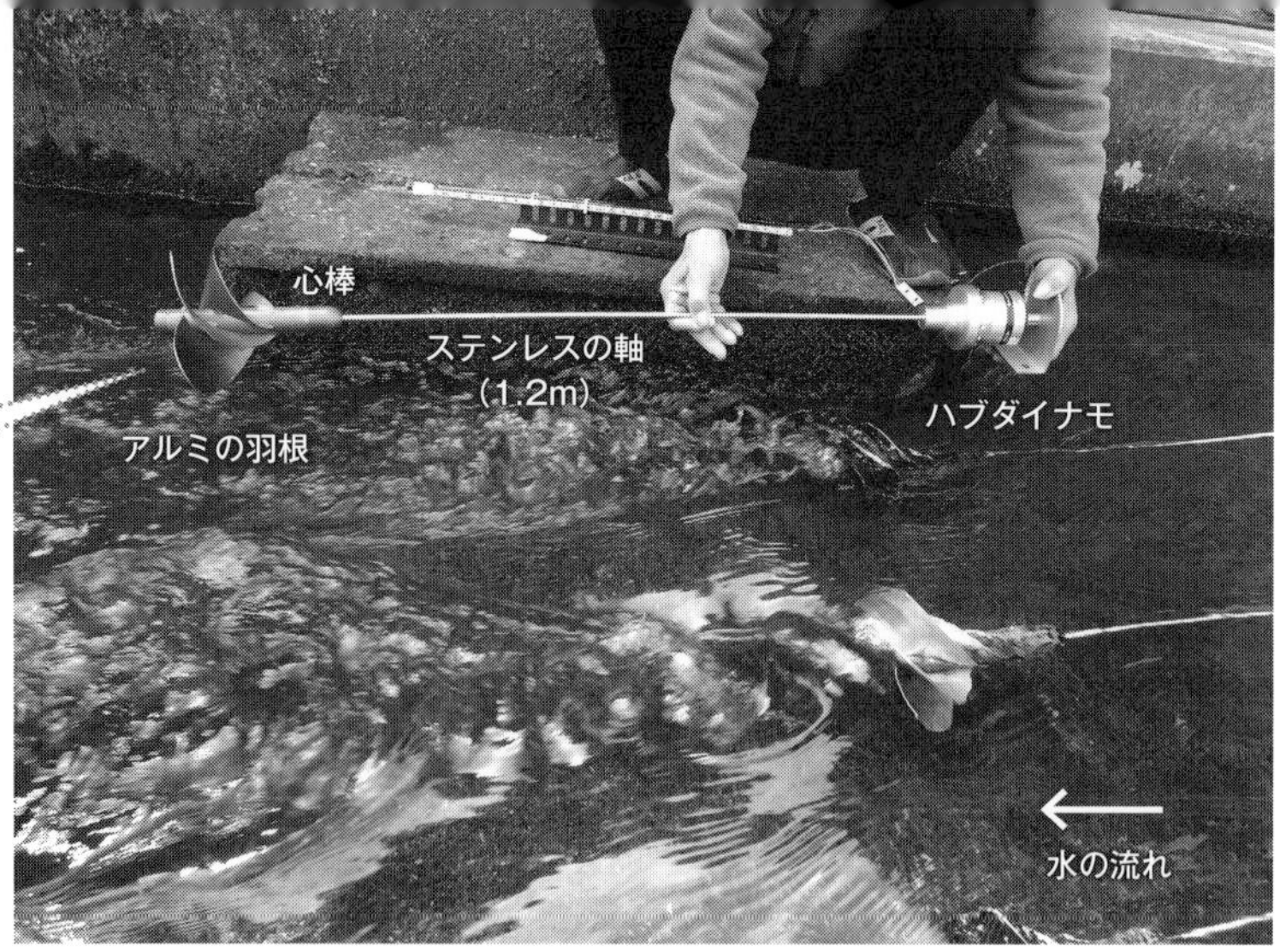

らせん状に広がるアルミの羽根により、水中で心棒に流れ込む小さいごみを外に押し出す水流が起きる。また、ステンレスの軸は水位に合わせて多少たわむので、プロペラは常に水中で回転し、発電も続く

と思い、大量の葉っぱを流してみました。完璧です。らせん状のプロペラは止まらず、ごみを他人事のように回っているではありませんか。出力も十分で、小水力発電装置を2基つなげれば自動車の直流12Vバッテリーに蓄電することもできました。

こうして2010年、ごみ取り不要の回転翼と発電装置で特許を取得。うれしさがこみ上げてきました。

さらに13年には「全国小水力発電サミットin岐阜」にブース出展し、「携帯性があり、世界の非電化地域で利用できる」と評価され、小水力発電を通して知り合いも増えました。なかには私の装置をタンザニアやアラスカに持って行き、実験してくれた方もいます。

3年がかりで水利権を取得

話を戻して、この装置を自宅裏の川に設置するにあたっては、水利権の許可申請にたいへん苦労しました。たとえ小さな発電機でも、一級河川から分岐した川の使用は国土交通省への「登録」が必要となるからです。

申請方法は、大きな水力発電所と同じで、書類もほぼ同量あります。河川の水位や流速、流量など、一年分のデータの提出が求められるので、私は雨の日も雪の日も川に入って記録を取り続けました。それをクリアできなければ今までの苦労がすべて水の泡です。

書類作成は一人ではできず、関係者の力を借りて申請することができました。3年がかりでようやく手続きを終え、木曽川上流河川事務所から登録完了の連絡がありました。

3基で出力6W。発電した電気は、わが家の室内灯2カ所と近所に付けた外灯1基に使っています。これまで小水力発電に70万円ほどつぎ込みましたが、地域の皆様の力添えがあり完成できました。恩返しができて大満足です。

孫に買った鯉のぼりの支柱を再利用したLED外灯。小水力発電の電気で道を照らす

ハブダイナモ水車の つくり方と使い方

まとめ＝編集部
協力・写真＝一瀬《いちのせ》正信（群馬県桐生市・NPO 法人北関東産官学研究会）

ハブダイナモって何？

自転車ライトの交流発電機で、定格6V–2.4Wを発電する。前輪のホイールケースの中に入っており、車輪とともに内部の永久磁石が回転することで、車軸に付いたコイルに電流が流れて電気を起こす。価格は1個2000～2800円ほど。

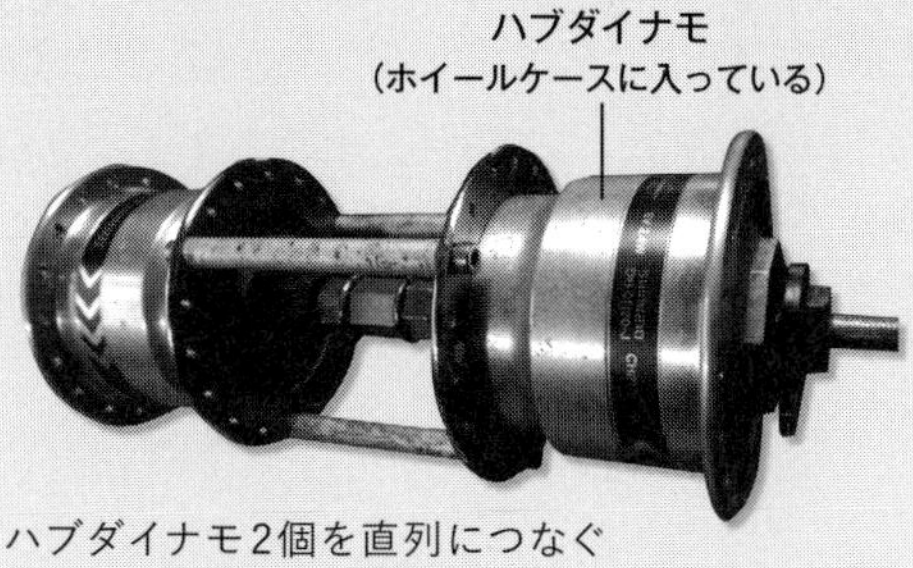

ハブダイナモ2個を直列につなぐことで12V-4.8Wの発電機になる

水車は直径 20 ～ 30㎝が最適

水車の直径が小さいほど回転数は上がるが、その分回転させる水のエネルギーが必要になる。ハブダイナモは1分間に150～200回転程度が最も発電効率がよく、チョロチョロ流れる水路では、水車の直径は20～30㎝がベストのようだ。

ハブダイナモに、プラスチックの雨樋を羽根にした直径25cmの水車を付けた。コードをハブダイナモの端子に接続して電気を取り出す

農業用水路に設置したハブダイナモ水車

一瀬さんのハブダイナモ水車の回路

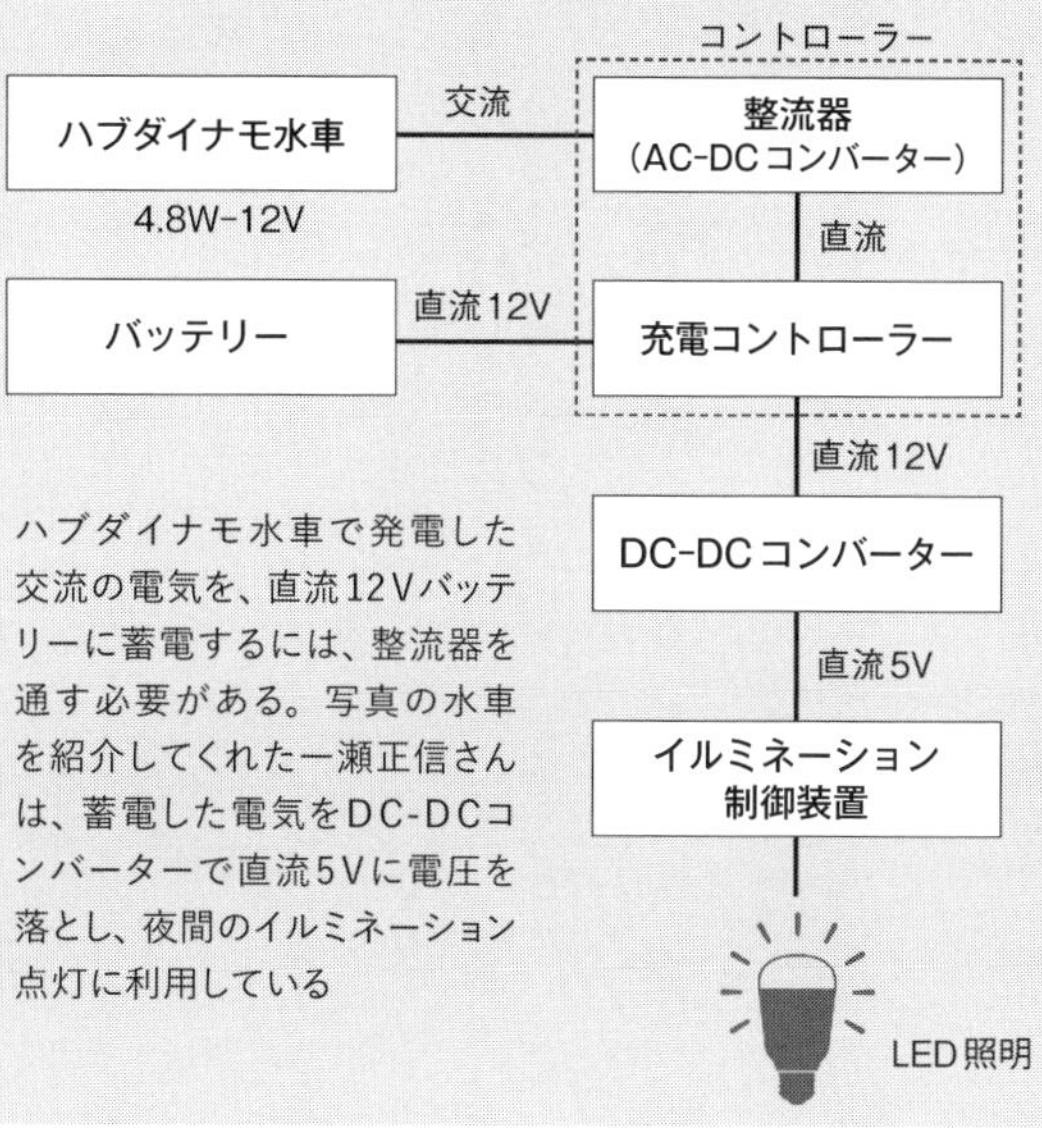

ハブダイナモ水車で発電した交流の電気を、直流12Vバッテリーに蓄電するには、整流器を通す必要がある。写真の水車を紹介してくれた一瀬正信さんは、蓄電した電気をDC-DCコンバーターで直流5Vに電圧を落とし、夜間のイルミネーション点灯に利用している

イラスト＝河本徹朗

コアレス発電機で手づくり水車がパワーアップ

鈴木 貢（栃木県鹿沼市・鹿沼自然エネルギー推進会代表）

２０１２年発足の鹿沼《かぬま》自然エネルギー推進会は、電気・機械・測量の技師や行政のＯＢが中心となり、手づくりの小水力発電装置の実証試験などに取り組んでいる。

最初につくった装置は自動車のダイナモを使ったが、毎分１４００回転を超える振動に水車の架台が耐えられず失敗。続く、自転車のハブダイナモを使った装置は毎分１５０～２００回転で発電したが、ＡＣ12Ｖ４・８Ｗでは小さなライトしか点灯できず、目標の防犯灯の電力には足りなかった。

低速回転でも高出力の発電機

その後、ネット検索で高知県四万十町の㈱スカイ電子が小水力発電用の「コアレス発電機」を10万円台から販売していることがわかり、事態は好転した。

コアレス発電機とは、コアレスモーター（無鉄心電動機）を発電機として利用したもの。通常のコアードモーターと違ってコイルを巻く鉄心がないため、磁力の引き

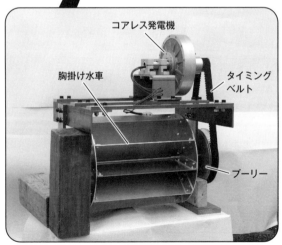

手づくりの水車発電装置。コアレス発電機は水車のプーリーとタイミングベルトでつないで回転数を毎分300～350回転に上げている。水車羽根は4mm厚のアルミ板でつくった

コアレスモーターの断面

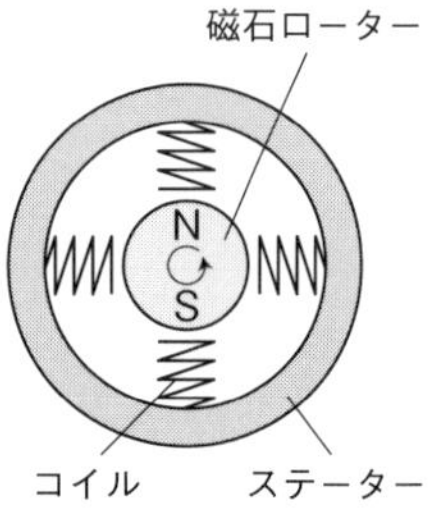

コイルを巻く鉄心がないので、磁石ローターとステーターの鋼板部分の磁力による振動（コギング）が発生しない

合い（コギングトルク）がなく、低速回転でも高い電圧が発生する。

　購入したコアレス発電機（SKY－HR200）は、毎分350回転でAC79V206Wの発電能力がある。19年に完成した小水力発電装置は、直径30cm、10枚羽根の水車を、幅60cm、深さ90cmの水路に設置した。発電機やコントローラーを含む製作費は、合計で36万円ほどになる。

スマホ、シニアカーの充電も

　現在、発電した電気は100mほど離れた公園の防犯灯のLED照明（30W×3基）に使っている。大型トラックのバッテリー2個に蓄電しつつ、点灯時間をタイマーで調節する仕組みで、地元の人たちからは「夜道が明るくなり、安全になった」と喜ばれている。

　今後は、防犯カメラの電源や災害時のスマホの充電、さらには電動バイクやシニアカーの充電など、防災・福祉分野での電力自給を進めていきたいと考えている。

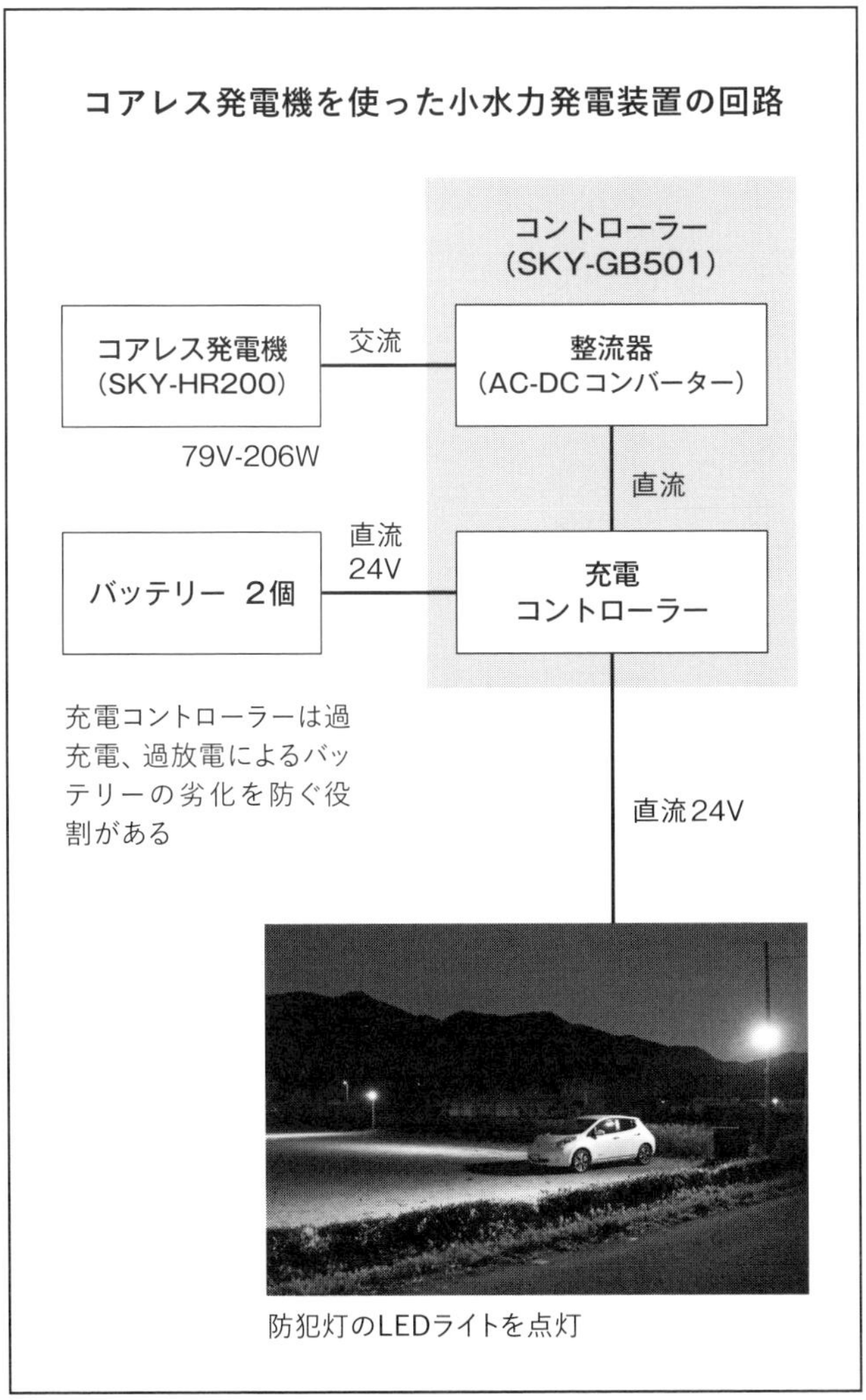

コアレス発電機で発電した電気は交流（AC）なので、専用のコントローラー内の整流器で直流（DC）に変換。バッテリーに蓄電しつつ、防犯灯のLEDライトに利用する

やなをヒントにワイヤーメッシュでつくったスクリーン。約15度に傾けて水路に設置することでごみや落ち葉が引っかかる

2本の塩ビパイプの導水管で水路の水を引き込んで水車羽根に水圧をかける

小水力発電で農山漁村発イノベーションを！

上坂博亨（富山国際大学教授）

「合掌造り」を守るおカネがない

「今年はうちの屋根をやっと葺き替えましたよ。でも半分だけね。半分でも１０００万円するんですから、たまったもんじゃない」。合掌造り民家の住人の切実なぼやきである。

富山県南砺《なんと》市の五箇山《ごかやま》地区は、世界遺産に認定された合掌造りの民家が現存する地域として知られる。世界遺産といえば聞こえはいいが、じつはそれらの多くには人が住んでおり、概ね10年に一度大掛かりな屋根の葺き替えを必要とする。その金額たるや普通の民家で１０００万円、大型の民家では２０００万円を超える費用がかかるという。民家の多くは国や県の指定文化財になってはいるが、家屋の維持修繕費を負担してくれるわけでもなく、大半は個人の負担となる。

こうした状況を重く見た地元の酒造メーカー「三笑楽《さんしょうらく》酒造㈱」の元蔵主・山﨑洋さんは、幼い頃から見慣れた小瀬《おぜ》川の流れを見ながら考えた。

「ここに小水力発電所をつくれば、売電益で集落を守れるのではないか」

折しもＦＩＴ（固定価格買取制度）が始まって間もない２０１３年5月のことである。さっそく地域の人たちが集まり計画が具体化された。コンセプトは「地域資源で地域の重要建築物を維持する」。将来にわたって地域に利益がもたらされる仕組みである。

14年度早々に山﨑さんらは地域住民と株式会社の設立を決意し、8月には関係者の合意を得て「㈱グリーンパワー小瀬」が誕生。発電所の総工費3億５０００万円は、同社の信用力で銀行からの借り入れが実現し、発電所建設が始まった。

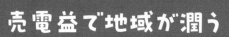

１６０kWで年４０００万円の収入

林道の脇に溝を掘ってポリエチレンの導水管を埋設するなど、工事は順調に進み、16年冬に「小瀬小水力発電所」が完成した。

普通河川の小瀬川から取水した毎秒0・4tの水と52mの落差を使って160kWの電気を起こす。計画段階では75%程度の設備利用率を見込んでいたが、幸運な長雨により初年度は83%に上昇し、以降年間の売電収入は3500万～4000万円を維持している。

そこから、銀行への借入金の返済、長期計画の大規模メンテの積立金、固定資産税、運転管理施設の増設費などを除くと、年間300万～400万円が地域で自由に使える財源となる。

㈱グリーンパワー小瀬は、この売電益で発電所の維持管理責任者を雇用。もちろん地元の合掌造り民家の住人である。彼は一年を通して取水口のごみ除去から沈砂池の排砂、さらには非常時の運転管理も行ない、茅葺き屋根の葺き替え費用を貯めている。

ある程度発電所の運転が軌道に乗ったところで、山﨑さんは地域の関係者と話し合って、いよいよ世界遺産の維持活動に乗り出した。合掌造り集落は、季節ともなれば多くの観光客でにぎわうが、来客数の割には収入が少ない。ぶらりと町を歩いて帰る素通り客が多いからだ。

そこで、かつて南砺市が整備した宿泊できる合掌造り集落を再整備し、地域に宿泊客を呼び込むために、地域の関係者25人とNPO法人「雪峯倶楽部」を設立。NPOの運営資金と宿泊施設のリノベーションの一部に小水力発電の売電益を充てた。22年秋には各地から有識者を招いて、世界遺産のイベントの開催も計画している。

発電所建屋内のフランシス水車。出力160kWで、200軒以上の電力需要を賄える

世界遺産に認定されている合掌造りの民家

住民が地域づくりの合同会社を設立

もう一例、これは私の生まれ故郷の福井県池田町の事例である。小水力発電の舞台となる水海《みずうみ》地区は現在約100世帯・300人弱の集落だが、2000年頃は500人以上が暮らしていた。集落の中央を流れるのが水海川で、私が子供の頃から変わらぬ水をたたえている。

ある日、何人かの幼馴染みに小水力発電の話をしてみた。すると、彼らも同様の発想があったようですぐに話に乗り、賛同者を集めて勉強会を開いてくれた。これがきっかけで発電所建設の話が本格化。幼馴染みたちが2年ほどかけて地元住民を説得し、地区の区長なども巻き込んで賛同者を増やした。

水海地区の小水力発電の目的は、電力

福井県池田町の水海地区。
雪解け水が豊富で小水力発電の適地

自給もさることながら、急激に進む過疎高齢化にいかにして歯止めをかけるかにある。そこで、売電利益を地区住民が広く享受できる方法を模索した。その結果、本事業の事業主体者として21年4月に「合同会社水海水力」が設立された。定款には「水海地区の活性化を図る取り組みの企画・運営事業」とはっきりと記されている。

24年春竣工予定の小水力発電所は、出力199kWで年間4400万～4500万円の売電収入を見込んでいる。借入金や運営費を除いた利益は500万～600万円ほどになるが、水海水力では集落内の草刈りや林縁部の整備、サクラやハナモモ、モミジなどの植栽、高齢者をサポートするコミュニティビジネスなどの生活環境整備、さらには伝統芸能の維持と様々な地域内のにぎわいづくりに利用する考えである。

売電益でやりたいことが続々

さて富山県と福井県の事例を見ていただいたが、どちらも重要なことは、その発電所を何のために建設するのかが住民に明らかにされている点である。

農村地域のインフラの維持には、おカネが必要である。この資金のことを富山地方では「万雑《まんぞう》」と呼んでいるが、これは管理費（町内会費）の一種で、農道や用水路、公民館や寺社など地域の共同財産の維持費に使われる。このような資金を小水力発電の収入から捻出するのは自然な発想であり、農業振興には直接的に好影響が期待できる。

池田町水海地区の場合は、万雑以外にも発電益によって様々な事業を計画している。その中心となるのが人口減少抑止策である。地区内の草刈りや花木植栽、ホタルの保護などを通じた地区のイメージアップ。また、地域の園芸産品の商品化やしめ縄事業の活性化、伝統文化の「水海の田楽能舞《でんがくのうまい》」の維持継承など、地区のにぎわい創出と関係人口の増加促進をねらっている。さらには、今後も増加する高齢者が安心して暮らせるための基盤として、地域内介護の仕組みをつくる構想もある。こうして小水力発電がもたらすメリットは、エネルギー自給にとどまらず社会形成へと広がっていく。

もう一つ私が注目していることがある。それは地域の関係者が新しい発想を持ってアイデアを出し合い、生き生きと議論する時間を持ったということである。

南砺市の小瀬小水力発電所では、発電所の管理にあたっている地元の住民が自宅の囲炉裏端に「発電所遠隔制御コーナー」を設置し、たくさんの見学者に誇らしげに説明する姿を何度も見てきた。彼は「一生の生きがいを見つけた」とさえ話す。一方、池田町では発電所ができる前から関係者が寄り合いで遅くまで議論を交わし、プランを練り上げていった。売電収入でやりたいことが次々と頭に浮かんできて、じつに楽しそうである。

このような時間が繰り広げられることこそ、にぎわいを求める農山村に必要なことではないかと感じている。

農山村は脱炭素化の先進地

２０２１年、日本は２０５０年のカーボンニュートラル（脱炭素）に向けて大きく舵を切った。現在、環境省の主導で全国すべての自治体において、事務事業自身の脱炭素化と各地域の脱炭素化の計画策定が求められ、強力に推進されている。その結果、いずれの自治体でも非化石エネルギー（石油・石炭・天然ガスを燃料としないエネルギー）が圧倒的に不足していることが露呈してきている。

そのようななかにあっても、農山村は悲観的な状況ではないことを強調したい。農山村の周囲にあるものといえば、山川草木、まさに再生可能エネルギーの宝庫である。脱炭素社会を実現するには、まず農山村におけるエネルギー生産と消費の仕組みを確立し、さらに域外も含めた再生可能資源の需要と供給のモデルをつくり上げることが最優先である。

小水力発電装置の寿命は短くても50年、大切に使ってメンテナンスしていけば１００年動くといわれている。実際、富山県の黒部川に設置されている多くの水力発電所は50年以上前に建設されている。有名な黒四《くろよん》発電所が運転開始したのは昭和38年（１９６３年）である。また海外の事例になるが、ドイツでは１００年動いている小水力発電所が現存する。つまり、今から小水力発電所を建設すれば、２０７０年頃までは確実に稼働し、２１００年まで動かすことさえ難しくないということになる。

50年のカーボンニュートラル化が成功すれば、地域のエネルギーインフラが完全に再エネベースになることを意味する。とすれば、小水力発電が存在する地域はその後50年以上にわたってエネルギー供給が担保されるということにもつながる。その地で作物を栽培し、家族をつくり、子孫を残すための生活基盤が保証されるということであろう。

加えて、小水力発電が生み出す利益が高齢者の生活支援など社会的コストを賄ってくれることで、安心して最後まで暮らせる地域形成が可能になる。水海地区が目指す高齢化地域をサポートするコミュニティビジネスのように、地域資源や独自の地域課題に基づいた農山漁村発イノベーションが創発されることに期待したい。

うえさか・ひろゆき
1957年福井県生まれ。富山国際大学現代社会学部教授、全国小水力利用推進協議会代表理事。著書に『地域分散エネルギーと「地域主体」の形成』（共著・公人の友社）ほか

地元負担金ゼロ

JAと協同事業方式の発電所が絶好調

岐阜県飛騨市　JAひだ・数河清流発電所

文・写真＝編集部

発電所建屋内のペルトン水車による発電機（中川水力製）

㈱数河未来開発社長の山村良幸さん（左、72歳）と社員の久田克浩さん（58歳）

50kW、年間1300万円稼ぐ

「この冬は記録的な大雪だったから雪解け水が豊富、しっかり発電してくれそうだわ」。用水路を勢いよく流れる水を見て㈱数河《すごう》未来開発の社長・山村良幸さんは話す。

同社が運営する「JAひだ・数河清流発電所」は出力49・9kWで、2017年の稼働以来安定した発電量を維持し、毎年1300万円ほどの売電収入をもたらす。

飛騨市数河地区はかつてリゾート高原で知られ、1960～70代にスキー場やゴルフ場の開発が盛んに進められた。しかし、90年代半ばを境に観光が下火となって以降は、過疎化に歯止めがかからず、今や50戸・143人とピーク時の4分の1に減少した。

そうしたなか、この小水力発電は安心して住み続けられる地域をつくるための一大事業になると、山村さんは期待を寄せる。

JAがひと肌脱いだ

きっかけは2003年、国のハイドロバレー計画で数河開拓用水の調査が行なわれ、同地区が小水力発電の適地とわかったことだ。だが、当時はまだ売電単価が1kWh7～10円の時代、補助金もなく、地区単独で発電所建設に踏み切ることができなかった。

それから10年後、FITの開始により1kWh34円＋税で20年買い取りの見込みが立った。1億5400万円の建設費用についても、55％を県が助成してくれることになった。それでも、住民だけで資金調達や申請手続き、工事の発注を行なうのは厳しかった。

JAひだ・数河清流発電所の運営態勢

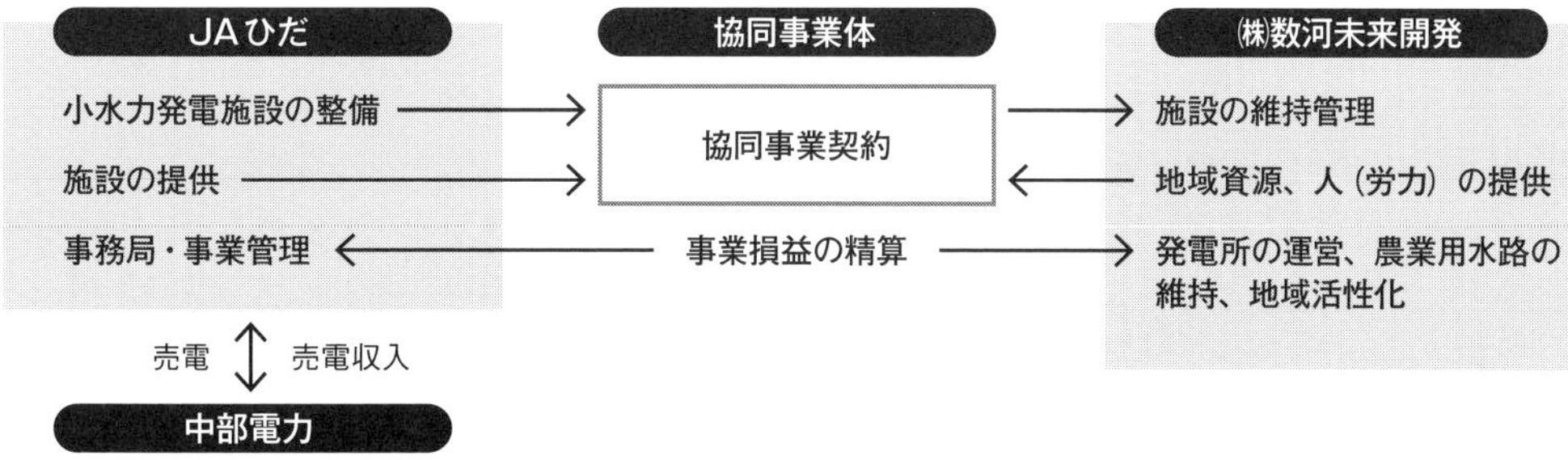

売電益を使って、2017年に休耕田に植えたネマガリダケ（ヒメダケ）。今後は生食用として販売を予定している

そこで、区長がＪＡひだの組合長宅を訪ねて協力を要請。建設費の残り約７０００万円をＪＡが負担することで着工が決まった。

数河地区では、地区の会計から３００万円を拠出して「㈱数河未来開発」を設立。ＪＡひだの決断に感謝し、非農家を含む全戸がＪＡの組合員になった。

発電所の経営は、ＪＡひだと数河未来開発の「協同事業方式」の形をとる。ＪＡひだが発電所の事業実施主体となり、施設の整備や電力会社との契約など事務を担当。数河未来開発は施設の維持管理や日々の運転業務を担う。

売電収入の１３００万円は、毎年運営協議会で話し合ったうえで、およそ半分ずつに配分。ＪＡは、発電所の建設費の返済や修繕費、保険料などに充て、数河未来開発は発電所運営（社員の雇用）や農業用水路の維持管理、地域活性化の経費に使っている。

発電所を担当するＪＡひだ営農企画課の課長・下垣内《しもがいと》崇さん曰く「売電利益を農地の維持管理や地域活性化に使うことで、地域に人が残る。地域資源を活かして農業所得を増やすことは、ＪＡが進める自己改革にも合致する」。

じつはＪＡ側から見ても、住民の小水力発電事業を応援するメリットは大きい。ＦＩＴで売電単価が長期間保証されており、初期投資の回収見込みがはっきりしていることや、売電利益が地域にとどまり、地域内で再投資されれば地域経済の発展にも寄与できることなど、可能性を秘めている。

売電益で農地と地域を守る

数河未来開発が売電益を使って最初に取り組んだのが、地元の荒廃農地の再生だ。トラクタや管理機を購入し、常勤の久田克浩さんが空き時間を使って作業にあたる。

現在、ソバ４ha、牧草１・２haを栽培する他、計50ａの休耕田で特産のネマガリダケを育てている。21年の株主総会では、売電益から毎年２００万円を地区の会計に繰り入れることが決まった。今後は住民が運営するコンビニやガソリンスタンドなど、新事業を起こす検討もしている。

1kg 170円で製粉やります

粉挽き水車が現役復帰

岩手県奥州市・米里地区　文＝編集部　写真＝奥山淳志

カッタ、ゴト、カッタ、ゴト……。水車小屋から米を搗《つ》く音が響く。

水路を流れる水が水車に吸い込まれて、水車が回る。水車が回ると小屋の中では歯車が回って、杵が上下する。そして、床に埋め込まれた臼の中では、米が米粉になる。

電気も重油も人力も使わない、ぜんぶ水路を流れる水の力だ。

米も麦もキビもソバも製粉

岩手県奥州市の米里《よねさと》地区。中沢集落では、製粉用の動力水車「中沢トコトン水車」が今なお現役で活躍中だ。冬になると依頼を受けて、米やムギ、キビ、ソバ、ダイズなどの製粉をする。原料1kgにつき１７０円。多いときはひと冬で15万円分ほどをこなす。経費がかからないので、売り上げはそのまま作業賃に充てられる。

水車の直径は12尺（約３・６ｍ）。この水車１つで、８つの杵と１つの大きな石臼を動かすことができる。

水車を動かす水路の水は、一年中流れている。幅１ｍちょっと、深さは20㎝くらいの舗装されていない水路に、悠々と流れる水。木製の水門を開くと、水は水車に向かうスロープに入り、加速して水車に吸い込まれていく。

１３０年も前、先達によりこの仕組みで水車

お買上げの本

■ご購入いただいた書店（　　　　書店）

●本書についてご感想など

●今後の出版物についてのご希望など

この本をお求めの動機	広告を見て（紙・誌名）	書店で見て	書評を見て（紙・誌名）	インターネットを見て	知人・先生のすすめで	図書館で見て

◇新規注文書◇　郵送ご希望の場合、送料をご負担いただきます。

購入希望の図書がありましたら、下記へご記入下さい。お支払いはCVS・郵便振替でお願いします。

(書名)	(定価) ¥	(部数) 部
(書名)	(定価) ¥	(部数) 部

郵便はがき

おそれいります が切手をはって お出し下さい

335 0022

(受取人)
埼玉県戸田市上戸田 2丁目2-2

農 文 協
読者カード係 行

◎ このカードは当会の今後の刊行計画及び、新刊等の案内に役だたせていただきたいと思います。　はじめての方は○印を（　）

ご住所 （〒　－　） TEL： FAX：	
お名前 男・女 歳	
E-mail：	
ご職業 公務員・会社員・自営業・自由業・主婦・農漁業・教職員（大学・短大・高校・中学・小学・他）研究生・学生・団体職員・その他（　）	
お勤め先・学校名	日頃ご覧の新聞・雑誌名

※この葉書にお書きいただいた個人情報は、新刊案内や見本誌送付、ご注文品の配送、確認等の連絡のために使用し、その目的以外での利用はいたしません。

● ご感想をインターネット等で紹介させていただく場合がございます。ご了承下さい。

● 送料無料・農文協以外の書籍も注文できる会員制通販書店「田舎の本屋さん」入会募集中！
案内進呈します。　希望□

■毎月抽選で10名様に見本誌を1冊進呈■（ご希望の雑誌名ひとつに○を）

①現代農業　②季刊 地 域　③うかたま

お客様コード □□□□□□□□□□

ずらりと並ぶ杵と臼。搗いている途中で粉が飛び散らないよう臼には「ばす」というワラで編んだ輪っかを被せる

できあがった米粉。搗きたての粉でつくると団子はふわっふわになるそうだ

触れてみるとふわふわとやさしい感じがする。粒子のこまかな新雪のようだ。そのままだと水分が多くダマになりやすく日持ちもしないので、丸一日陰干ししてから保存する。

タカキビも栽培、団子が最高

米里の母ちゃんたち8人は、5aの遊休農地にタカキビを植えている。収穫後は水車で粉にして自分たちで分け合う他、欲しい人には500g・500円で販売もする。トコトン水車の誕生をきっかけに始まった活動だ。最初は中山間直接支払の集落活動の一環だったが、2011年に独立し、今は同好会という形で続けている。

1月には、陰干しする前の搗きたての粉でタカキビ団子をつくり、草取りや収穫など、作業を手伝ってくれた人に振る舞う。この団子が「とにかくふわっふわ」で最高にうまいらしい。「みんなで集まっておしゃべりできるのが一番の楽しみ。粉を売って稼いだおカネも、結局お茶菓子になるの」とメンバーの菊池信子さん(63歳)。それでも「80kgとれた年は製粉代で温泉旅行にも行けた」のだとか。

製粉の依頼も、タカキビ粉の注文も、そのほとんどはむらの人だ。

水の力で、水車も、むらも回る。

まだまだ
あるぞ
水力利用術

まとめ＝編集部

雨樋を支える金具に、鉛筆の芯くらいの大きさの穴を1列にあけた塩ビパイプ（1.5cm径）を通してある。穴は5cm程度の等間隔、一直線上にあけると降り注ぐ滴がきれいに見える

雨水クーラー

文・写真＝**吉永正春**（宮崎県都城市）

近所の酪農家が牛の夏バテ防止にと、牛舎の屋根に付けたスプリンクラーで散水しているのを見て「これだ！」とひらめいた。

でも、水道水を使ったら料金がバカにならない。庭にミニため池を掘って雨水を溜め、東屋の屋根に電動ポンプで汲み上げて散水する仕組みにした。これぞ、わが家自慢の「雨水クーラー」だ。

今では、ニワトリの飲み水や自家用畑の灌水にもタダの雨水を利用。快適な雨水ライフを楽しんでいる。

東屋の雨水クーラー。天井の扇風機を回せばさらに涼しさが増す

雨水は雨樋を伝ってミニため池に貯水（ドラム缶3本ほどの容量だが、一定量を超えると地下雨水タンクに流れる）。雨水用の蛇口をひねると電動ポンプが地下タンクから水を汲み上げ、東屋の塩ビパイプを上って、軒下からシャワーのように流れ落ちる

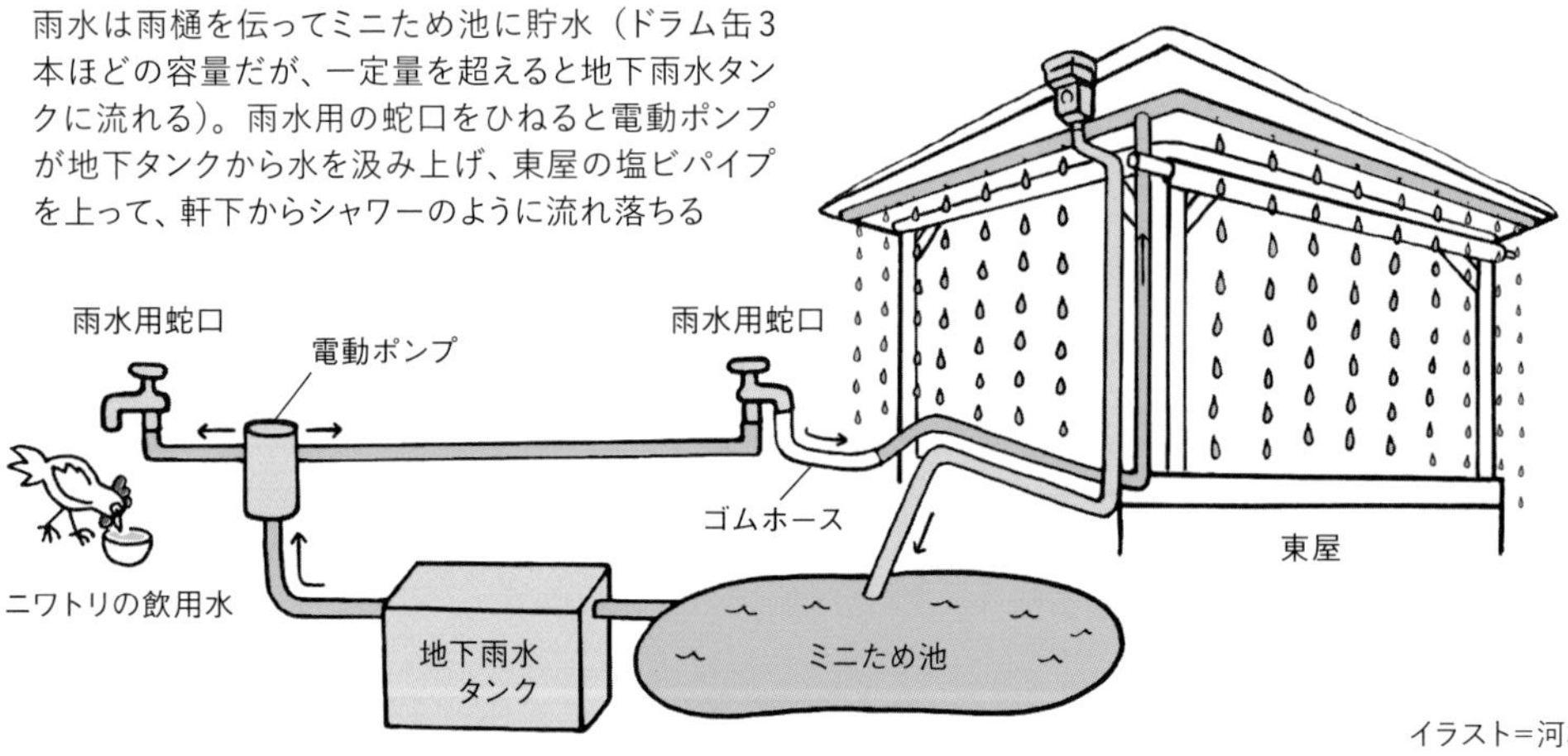

イラスト＝河本徹朗

水力ケーブルカー

高知県馬路村・馬路温泉

　ユズの産地で知られる馬路村。村営馬路温泉の脇には、知る人ぞ知る日本で唯一の水力ケーブルカーがある。かつては木材搬出に使われていたという設備を改修。1996年から観光客向けに毎月限定で運行している。多い年は、年間で4000人以上の利用があり、人気スポットになっている。

運転手を含めて最大10人乗り。近くの谷川から水を引いて専用の蛇口から注水。およそ5分で車両の下のタンクに最大1.64tの水が入る

写真提供＝馬路温泉

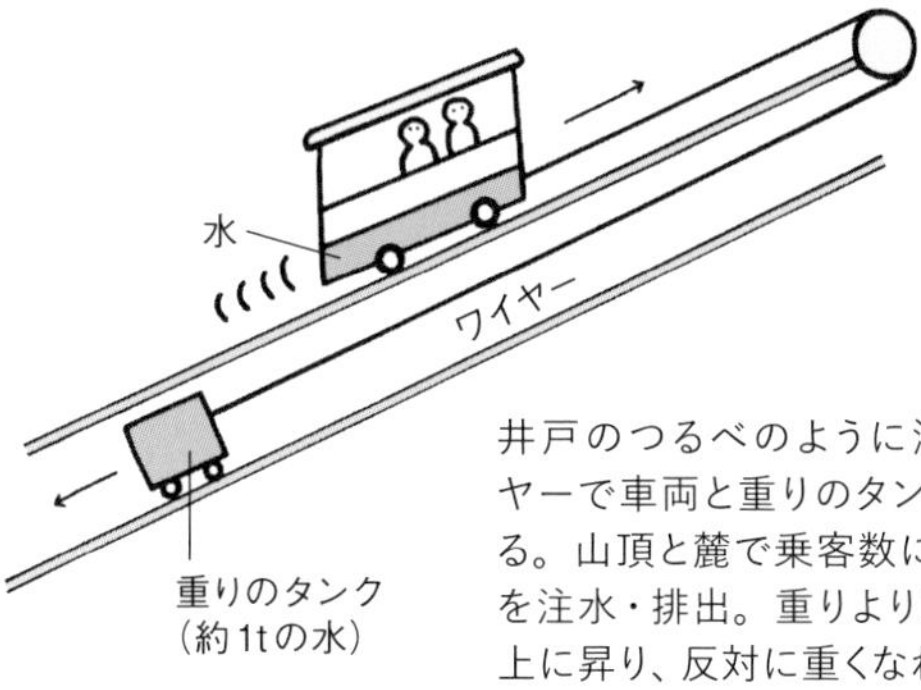

井戸のつるべのように滑車にかけたワイヤーで車両と重りのタンクがつながっている。山頂と麓で乗客数に応じてタンクに水を注水・排出。重りより車両が軽くなれば上に昇り、反対に重くなれば下に降りる

動くかかし

和歌山県那智勝浦町・久保恵資さん

　ししおどしの動きに合わせ、両手が上下するかかし。山から年中流れる谷水を利用した。かかしの動きとししおどしの音のダブルの仕掛けで、獣害対策に効果あり。

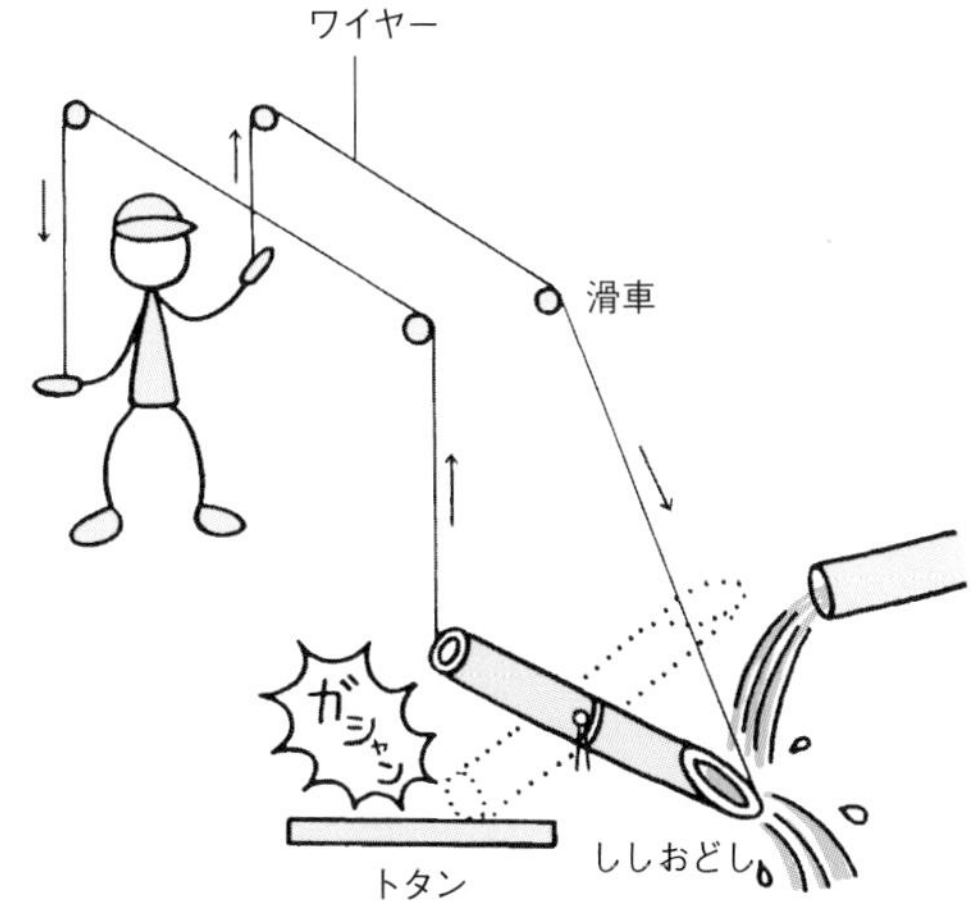

ししおどしの両端から右手と左手に、それぞれ2つの滑車を経由してワイヤーがつながっている。竹筒に注がれた水の重みで中がこぼれると、ヒモが引っ張られて左手が上がって、右手は下がる。また、竹筒が空になって元に戻るときトタンに当たって「ガシャン」と音が出る

「かかしを外したら、前の田んぼがイノシシにやられた」そうだ

写真提供＝那智勝浦町役場

イモ洗い水車

岩手県奥州市・浅倉冨治さん

　イモ洗い水車とは、水路や川の流れを利用してイモを洗う昔ながらの道具のこと。竹製のドラムの中にサトイモを入れて水路に設置すると、水の力でドラムがグルグル回って、外側の皮だけがきれいにむける。

　農家によってはクリの渋皮をむいたり、ギンナンの仕上げ洗いに使ったりもする。特に、ギンナンは少しでも果肉が残るとそこから黒ずんできて商品価値がなくなってしまうので、専用の洗浄機が売られているほど。水車なら電気も必要ない。

ガサガサした面は内側に。水がドラム内を流れるよう若干隙間をあけてある

水路に設置したイモ洗い水車。ドラムの幅を水路とぴったりにつくると上手く回る　写真＝奥山淳志

イモ洗い水車の仕組み（断面図）

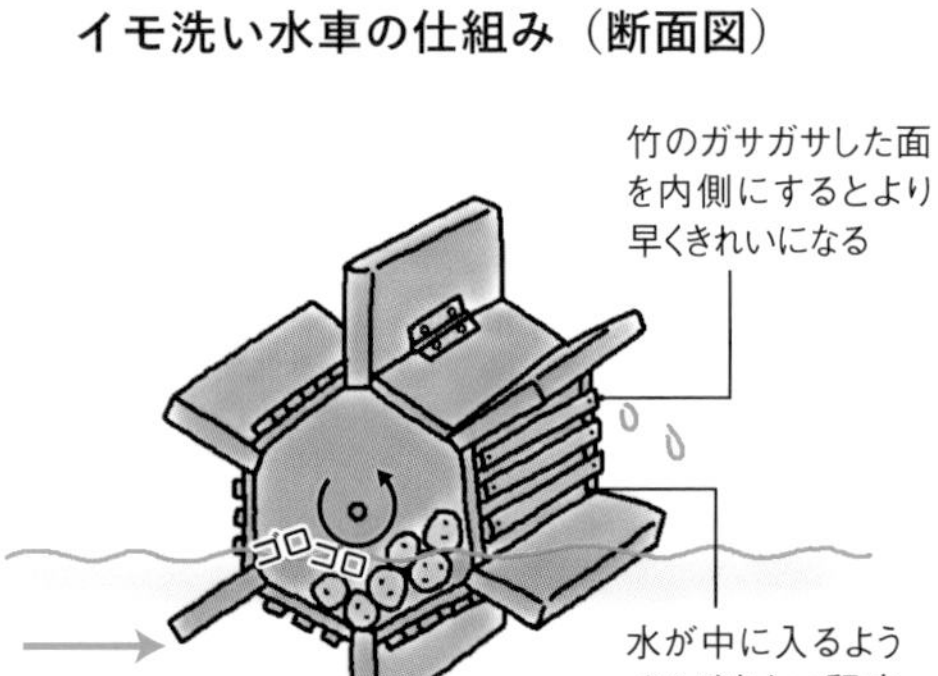
竹のガサガサした面を内側にするとより早くきれいになる
水が中に入るようイモが出ない程度の隙間をつくる
水の流れ

水路にはあらかじめ両岸にY字型の木などを固定し、そこに軸の棒をかけて使う

洗い上がったギンナン。1回につき1kg程度を目安に水車に入れ、30分ほど回す

PART 3

薪&炭の熱で おいしく熱エネ自給

週末林業グループが薪で火のある暮らしを応援

神奈川県大磯町・大磯きこりラボラトリー

文・写真＝編集部

きこりラボのメンバー。右から2人目が代表の山中紀幸さん

自伐型林業研修の現場。大磯町は町面積の3分の1が森林で、その9割が広葉樹の山
写真＝高木あつ子（以下＊も）

思い出の里山が獣のすみかに

２０１９年秋に有志３人で結成した「大磯きこりラボラトリー」。神奈川県大磯町を拠点に周辺市町にも出向いて里山を整備する木こりグループだ。町が主催する自伐＊型林業研修の参加者を中心に、きこりラボのホームページやフェイスブックを見た人がメンバーに加わり、今では70人になった。活動は主に週末、月3回ほど山に入り、毎回10人ほどが集まる。

代表の山中紀幸さん（44歳）は関西生まれだが、両親が大磯出身なので子供の頃は盆や正月を大磯で過ごした。成人後は勤め先のある東京に住んでいたが、２０１６年に２人目の子供が生まれたタイミングで大磯に引っ越して来た。程なくして子供の頃によく遊んでいた里山が荒れていることに気づき、それがイノシシなどの獣害の温床になっていることや、放置すると風倒木や土砂災害の危険性が高まることを耳にした。

そんなときに自伐型林業を知り、いずれは自分でも山を管理できるようになりたいと、「地球のしごと大學」（埼玉県飯能市）の休日コースで学んだという山中

＊自伐とは施業を委託せず、山主が自ら伐採・搬出することだが、山主に代わって山の手入れを請け負う「自伐型」も森林ボランティアなどの関心を集めている

伐採した木を薪にする

1年前に伐採し野積みしていたナラやクヌギを薪にする。あらかじめ90㎝の長さに玉切りしておけば、お客さんの要望に合わせて45㎝、30㎝のどちらの薪にも対応できる。

近所の薪ストーブ屋から借りた油圧式の薪割り機で薪を割る。太さ10cmほど。2時間の作業で軽トラ2台分の薪ができた

薪を運ぶのに便利な「もっこ」。アスレチックロープでメンバーが自作した

さん。その後、町の林業研修にも参加し、その勢いできこりラボを立ち上げたのだ。

「週末木こり」が山林整備を担う

きこりラボのメンバーは、大半が会社員。森林インストラクターやキャンプ場の管理者など、ふだんから山に関わる仕事の人もいるし、製薬会社や雑貨屋など、山と接点のない業種の人もいる。

メンバーに共通するのは、「山仕事がしたい」「研修で学んだことをトレーニングする機会がほしい」という点だが、山持ちは一人もいない。では、どうやって山の整備をするのかというと、親戚や知り合いづてに山主を紹介してもらって作業を請け負っている。

小清水茂寿さん（74歳）も、メンバーのつてで知り合った山主の一人。他にも町を通じて依頼してくる人もいて、これまでに10人の山を手入れした。

整備を頼まれたら、まずは山主にどんな山にしたいのか聞き取って作業にあたる。直売所で野菜を販売する小清水さんからは「原木シイタケをつくって売りたいから、ホダ木になるコナラやクヌギはできるだけ残したい」という要望があっ

軽トラの荷台に積んだ広葉樹の薪。
1台分で15,000円で販売する

地べたに置くと風が通らず乾きが遅いので、
薪は台木の上に積む

古民家カフェの庭に
置かれた丸太ベンチ

たので、ケヤキやエノキなど、他の樹種を優先して伐採した。料金は、１本５００円程度（燃料代は別途）。小清水さんの山では計20本ほど切ったが、多いところは40本以上切ることもあるという。里山整備の収益は、道具や機械の導入・維持費など活動経費に充てる。

薪の需要が高まっている！

山林整備で切り出した木は、薪にして売る。「湘南地域（鎌倉・逗子・葉山・大磯）では、薪需要が伸びています。近所にも新たに薪ストーブ屋がオープンするほどです」と山中さん。その店主に聞いた話だと、新居に薪ストーブを置く人が増えており、特に30代が多い。最近の家は断熱効果が高いので小さい薪ストーブでも暖房効率がよく、エアコンよりも経済的なのが一因のようだ。さらに、キャンプブームをきっかけに火のある暮らしを求める人も増えてきたとのこと。

２０２１年冬は10軒ほどに配達した。薪の価格は、ナラ、クヌギ、ケヤキなど広葉樹のミックスで、軽トラ１台当たり１万５０００円（メンバー価格は１万円）、町内は無料で配達している。

薪のはぜる音や美しい炎を眺めるのが
薪ストーブの醍醐味（*）

きこりラボのメンバー・伊福弘仁さん宅へ配達。
世間話をしながらラックに積み入れる

伊福さん夫婦と薪ストーブ（アメリカ製）

「クラフト部」や「宙組《そら》」も

　きこりラボには、切り出した木でベンチや机をつくる「クラフト部」があり、町内の飲食店や雑貨屋の店先に丸太ベンチを設置するサービスを始めている。

　店側は5000円の年間契約で、毎年新しい丸太ベンチを3台置くことができ、古いベンチは木こりラボが回収して薪にする。薪や丸太をストックする倉庫がないなかで思いついたアイデアで、「街場と山をつなぐベンチ」と山中さんは言う。

　また、樹上伐採を担う「宙組」もある。樹上伐採とは、ツリークライミングで木に登って枝を切り落とす方法で、住宅地のすぐ近くに大きくなった広葉樹の山が迫る大磯では特に必要とされる作業だ。じつは、きこりラボにはふだんから樹上伐採の仕事をしているメンバーが3人おり、彼らが木に登って作業する。

　最近も「ナラ枯れで危ないので切ってくれ」というオーダーがあった。樹齢50年を超える大径木3本で、1本10万円で受託。目立つ作業なので、見た人から「うちもお願いできないか」と頼まれ、数珠つなぎで6件こなした。

保米缶燻製器
——サクラの生木で燻す絶品ベーコン

苅米幸男（千葉県市原市）

年明け、保米缶でベーコンづくりを楽しむ孫たち

固まりを切って食べる

わが家では、年が明けると二家族の孫たちと一緒に燻製づくりをします。燻製にしているものは、ゆで卵にニジマス、市販のチーズなどいろいろありますが、メインはベーコン。

冬の寒い時期、一日に40kgのベーコンをつくります。市販の向こう側が透けて見えるようなペラペラのベーコンとはわけが違います。肉の固まりをそれぞれが好みの厚さに切って食べるのです。わが家では、この自家製ベーコンが年間を通じて食卓を楽しませてくれます。

一斗缶で煙を平均に行き渡らせる

燻製器には10俵用の保米缶を利用しています。燻製を始めた頃は、以前つくった薪給湯器（p93）の燃焼室を利用していましたが、一度にたくさんのベーコンをつくるようになってからは、燻製専用に保米缶を使うようにしました。

たくさん燻製するなら大きな保米缶がぴったりです。わが家の燻製は、保米缶に煙だけを送り込む方式。サクラの生木は保米缶と離した一斗缶で燃やします。

わが家の保米缶燻製器

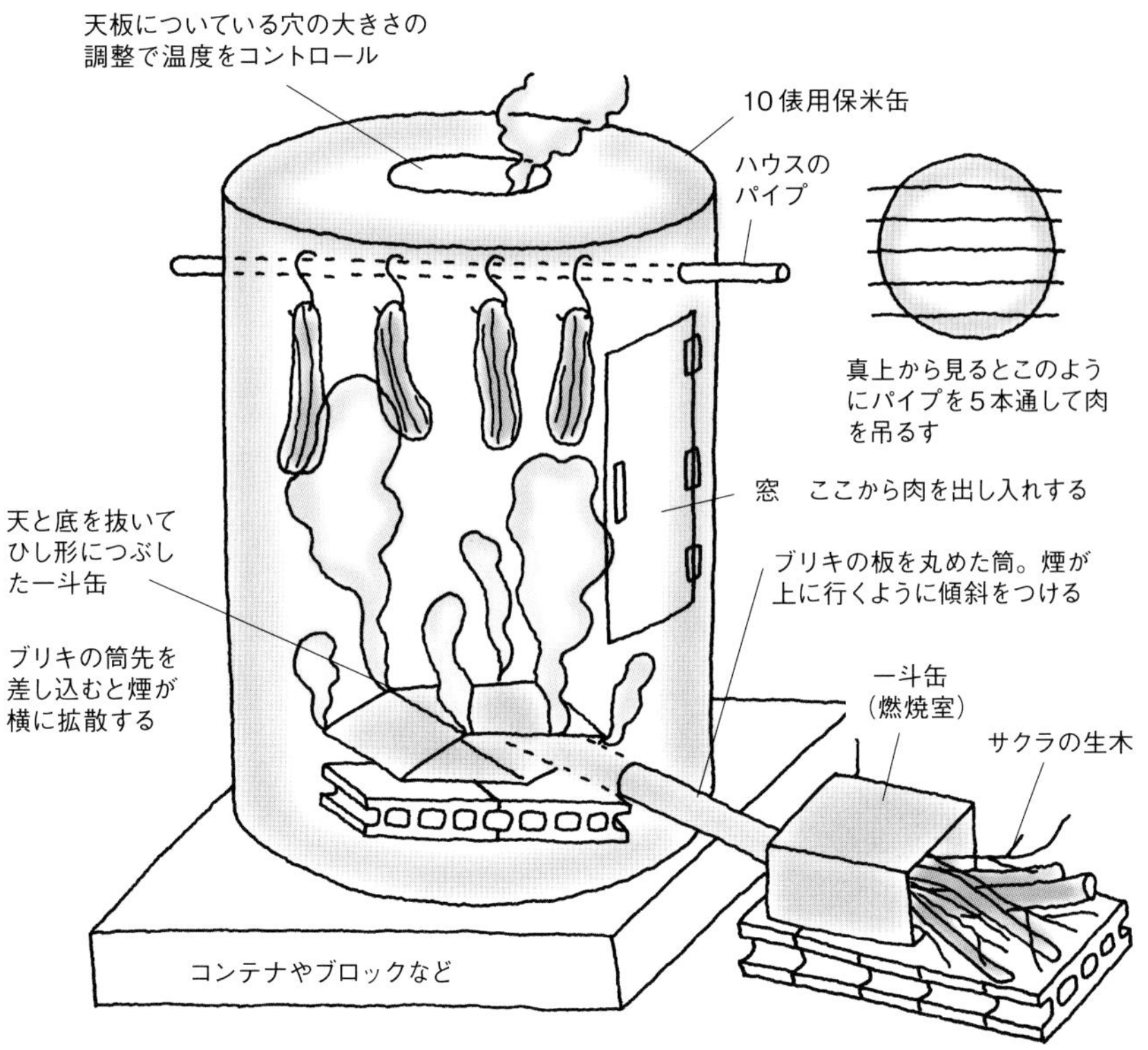

これは、缶の中で燃やすと庫内の温度が80℃を超えてしまい、脂が落ちてパサパサのベーコンになってしまうからです。

　また、保米缶の中にも別な一斗缶を入れています。以前、煙を筒からそのまま出したら、熱が集中したのか、真ん中に吊り下げたベーコンだけ脂が落ちておいしくなくなってしまいました。そこで煙が平均に行き渡るように、天と底を抜いてひし形につぶした一斗缶を筒の先に被せるようにしています。

沸騰させないようにゆでる

　燻煙後は、豚肉にきちんと火を通すため85～90℃でボイルします。沸騰させると肉が硬くなり、うまさがなくなるので注意が必要です。ゆで終わったら水分をとり、真空パックをして冷凍保存します。

　孫たちは毎年この日を楽しみにしています。食べものを自分でつくるのは人間の原点ですので、できるだけ孫たちに自分でやらせるようにしています。

　近頃はソーセージもつくりたいというので、養豚家から仕入れた肉を家庭用の大きなミキサーで合挽きにし、羊の腸を買ってきて詰めて楽しみました。

わが家のベーコンのつくり方

＜材料＞ 10kg分

豚バラ肉10kg（500gにカット）、水5ℓ、塩300～400g、砂糖200～250g、ニンジン1本、セロリ3本、タマネギ2個、粒コショウ適量

❶ ピクルス液をつくる

水に塩、砂糖を入れ沸騰させる。さめたら、乱切りしたニンジン、セロリ、タマネギと粒コショウを入れる。

❷ 漬け込む

豚肉を入れ、液の中に肉が漬かるように落としブタをする。ときどき天地返しをして全体にまんべんなく漬かるように1週間漬け込む。

❸ 塩抜き

肉をピクルス液から取り出し、流水で半日（4時間ほど）塩抜きをする。

❹ 乾かす

S字型のフックに肉を吊るし、水分を取る。

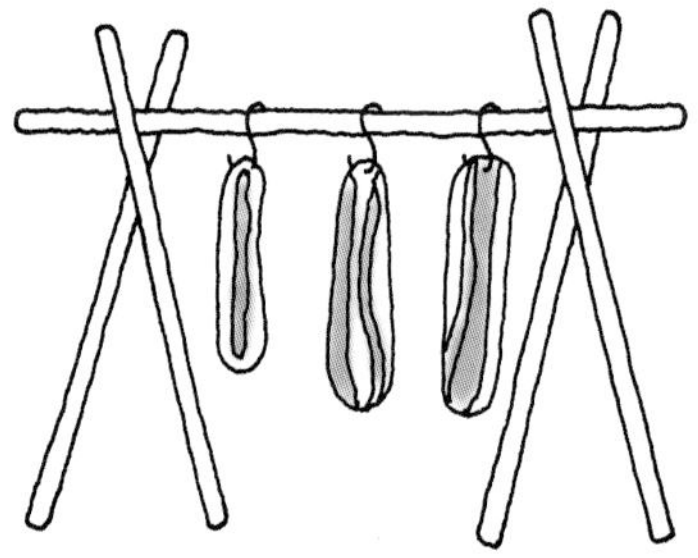

❺ 燻製にする

燻煙器で40～50℃で1時間乾燥させる。その後、50～60℃で3～4時間ほど燻煙する。

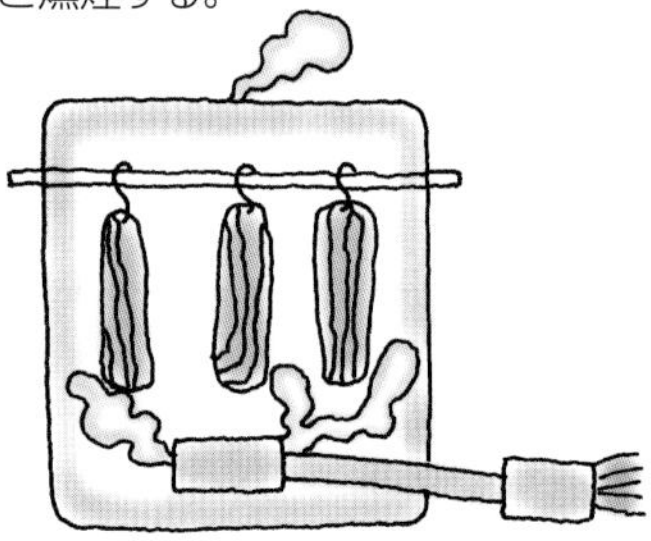

❻ ゆでる

肉をフックから外し、鍋の湯85～90℃で2時間ゆでる。

毎日燃やさずに済む 薪給湯器

わが家は、カンキツ、水稲、農産加工の複合経営の農家で、カンキツの剪定や品種更新時に剪定枝がたくさん出ます。ただ焼いてしまうのはもったいないので、薪として使ったらどうかと思い、1985年に薪給湯器をつくりました。以来、燃料代がタダのお風呂に入っています。まるで家に温泉が湧いているようです。

薪風呂だと毎日燃やすのが大変ですが、わが家の給湯器は燃焼室が大きいので、太い丸太もそのままくべます。また、サーモスイッチにより、燃焼炉でつくられた湯の温度が75℃を超えるとポンプが回って湯をタンクに送り、それ以下になると停止するので、タンクのお湯がぬるくなりません。薪を燃やすのは一日おきか、毎日の時間があるときにわずかで済みます。

私の手づくり給湯器

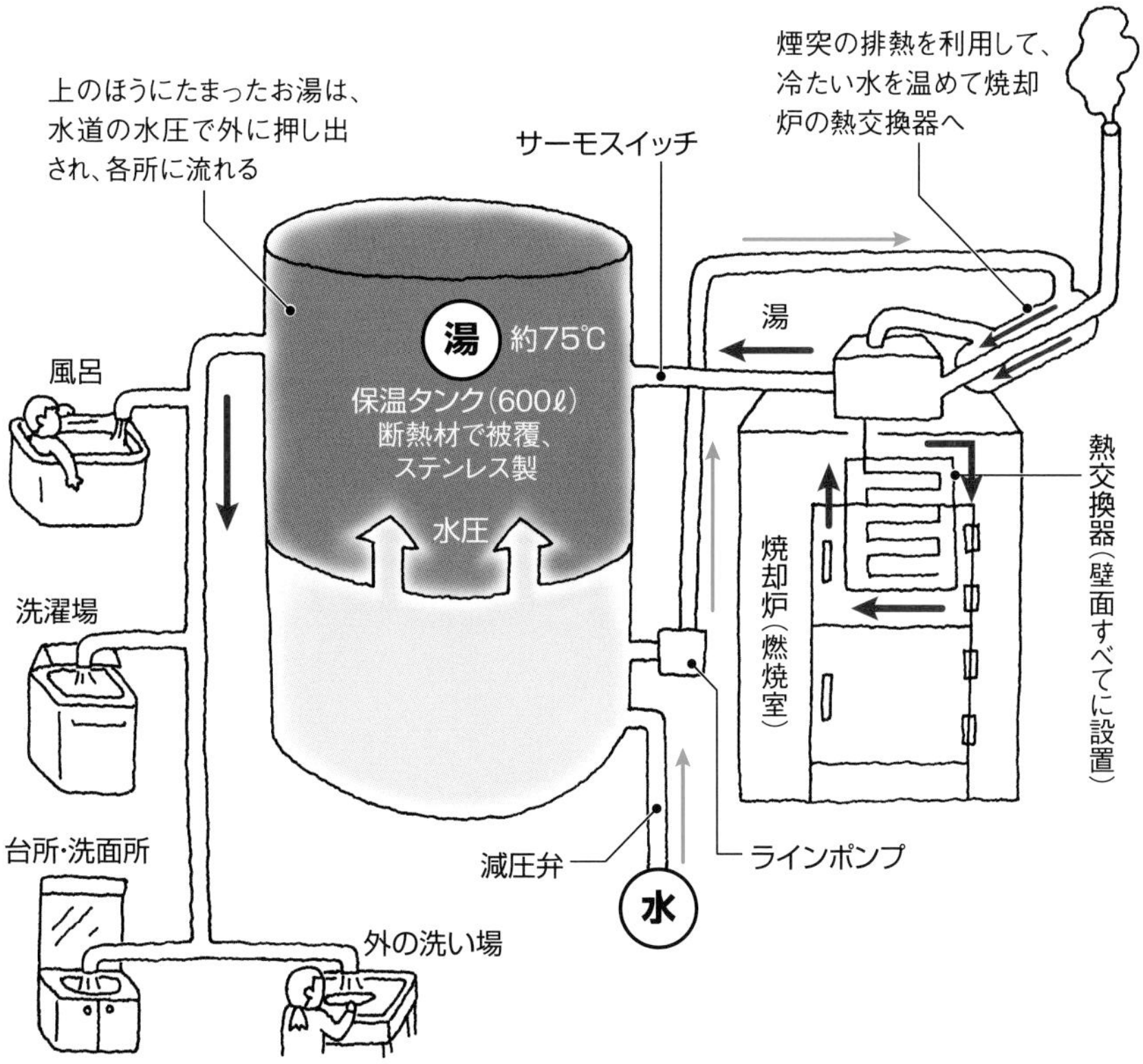

植木鉢タンドール

——炭火で焼く本格ナン

阿部由佳（埼玉県ときがわ町）

植木鉢タンドールでナンを焼く

つぼの中で炭火をおこして熱源にする

植木鉢は大小の形が合うものを選ぶ。厚さ10mm以上の素焼きの鉢がおすすめ

手軽に炭火調理が楽しめる

タンドールとは、インドやパキスタンの台所で使われる粘土製の壺窯型オーブンのこと。インド料理店でよく見かけるおいしいナンが、あっという間に焼けます。手軽に炭火調理が楽しめるため、私も日々重宝しています。

タンドールは燃焼効率が非常にいいので、1回当たりの炭の消費量は多くありません。また、一般にピザ窯で350～400℃まで温度を上げるには4～5時間かかりますが、タンドールは30分でつぼの中を温めることができます。

ただし、本場のタンドールは大きく分厚いつぼを使うため、大がかりな作業と設置場所が必要になります。そこで考えたのが、素焼きの植木鉢を二重にして断熱する小型タンドールです。

断熱と吸気口で燃焼効率アップ

材料は、大小の植木鉢2個、パーライト1袋、耐火セメント5kg、

植木鉢タンドールの構造

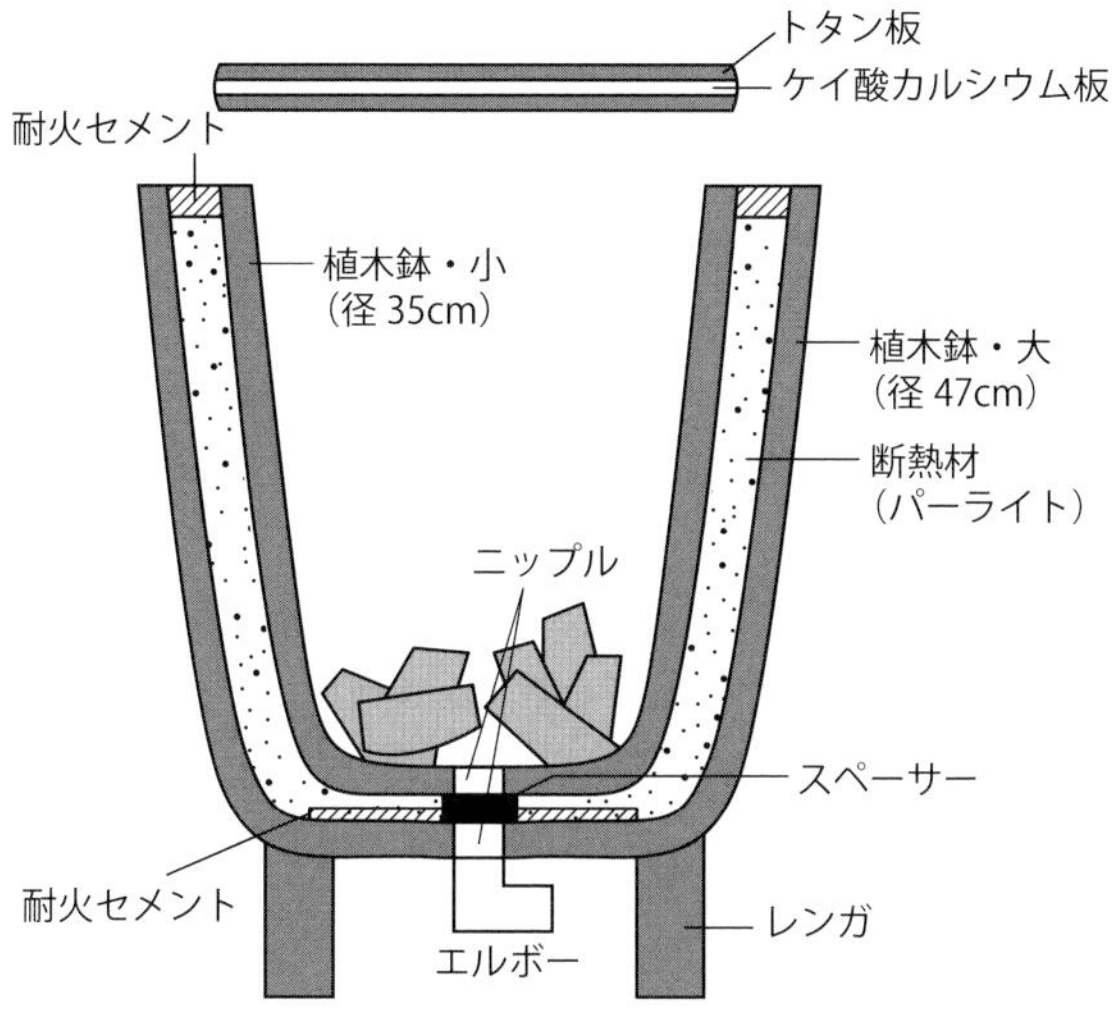

スペーサーは大きい植木鉢の底に
耐火セメントで固定する

鉢の底に吸気口があるので、高さ15cmほどのレンガに載せて使う

陶器用ドリルで鉢の底穴を拡張。摩擦熱で割れないように穴に水をかけて作業する

①拡張した底穴に、トタンを巻いてリベットで留めたスペーサーを挿し込む（重ねた植木鉢の隙間をあけることで断熱材が底まで入るようにするため）

②充填した断熱材の上部を耐火セメントで閉じる

水道管用（金属）ニップルとエルボー、ケイ酸カルシウム板、トタン板、リベット。合計1万円ほどでそろいます。

つくり方は以下の通りです。

①陶器用ドリルを使って、大小の植木鉢の底穴を35㎜径に拡張。水道管用のニップルとエルボーをつなげて吸気口をつくる。

②大小重ねた植木鉢の隙間に断熱材（パーライト）を充填。上部を耐火セメントで閉じる。

③ケイ酸カルシウム板の両面をトタン板で挟んでボルト留めし、タンドールのフタをつくる。

外はカリッ、中はもっちり

ナンを焼くときは、タンドールの内側に生地を張り付け、フタをして待つこと4〜5分（フタを外すときは熱いので軍手を着用）。炭火の遠赤外線効果で、外はカリッ、中はもっちりに仕上がります。

また、タンドールの上にバーベキュー用のピザ窯を置けば、数十分でピザやパンも焼けます。

ヌカ釜

——モミガラでご飯が早く、おいしく炊ける

福島県福島市・佐藤イネさん

文＝編集部　写真＝田中康弘

2011年の東日本大震災が起きたとき、イネさんは母屋の隣の小屋で農協職員と話をしていた。夫の治夫さんは庭で梅の木を切っていた。

さぞかし被害はひどかったことだろうと思いきや、「うちは茶碗が3つ割れただけ。あとは何の被害もないの」とイネさん。家が硬い岩盤の上にあったからだという。

しかもイネさん、停電したせいで、電池とロウソクを買い足すために町中を探し回ることにはなったが、お風呂やご飯の心配はまったくしなかった。なぜなら、家のお風呂は薪風呂。屋敷まわりのスギの木を薪にして風呂を沸かしている。福島市の多くは断水していたが、イネさんの地域の水道は大丈夫だった。そしてご飯は、いつもモミガラを燃やして炊いているからだ。

この「ヌカ釜」というかまど、治夫さんのお母さんの頃から使っているのだが、震災で電気もガスも止まったなかで大活躍したのだった。

震災の翌朝から温かいご飯が食べられた

地震の翌日ももちろん停電していたが、イネさんはいつものように朝起きてすぐにヌカ釜に火をつけた。スギの葉に火をつけて、釜の中に入れるとモミガラに燃え移る。あとはものの20分ほどでご飯が炊き上がる。嫁いで以来、これが毎朝の日課だったが、この日は改めてありがたいなと思ったそうだ。

近所でも、直売所でも、評判のおにぎり

震災から2日後、やっと気持ちの余裕が出たイネさんは、おにぎりを握り始める。

「夜に見たら、停電でどこの家も真っ暗なの。みんな、ご飯がないべなと思って、ヌカ釜で炊

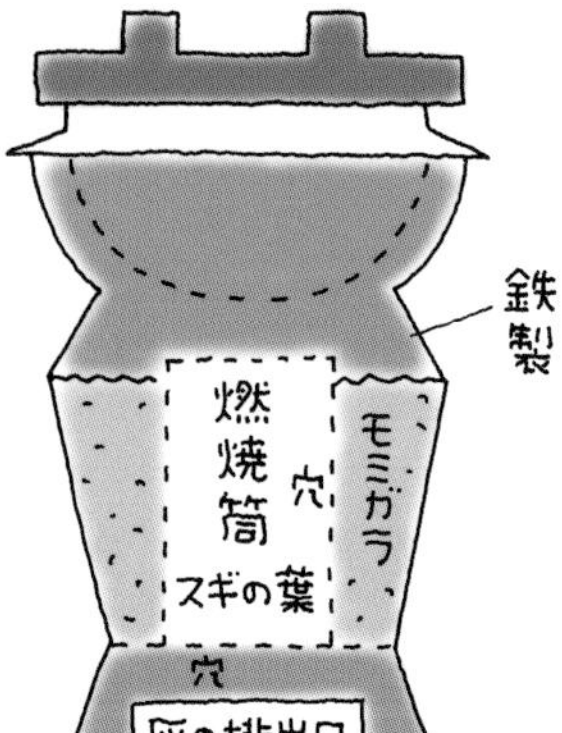

ヌカ釜の仕組み

燃焼筒のまわりにモミガラを入れ、筒の中に点火したスギの葉を入れるとモミガラに燃え移る。その後、モミガラが10分強で燃え切るとそのまま蒸らしの状態になり、20分ほどで炊き上がる。現在、ヌカ釜は4万～8万円ほどで販売されている。

モミガラの量は米2升なら一斗缶1杯、1升なら8分目

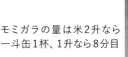

いたご飯でおにぎり握って、裏の家に持っていったの」

その後は、避難所にもおにぎりを届けた。

イネさんはふだんからおにぎりを直売所にも出している。それまでは週末中心だったが、震災のあとは2升ずつ炊いて毎日持っていった。すぐに人だかりができて、置くと同時に売れてしまったそうだ。

燃料代がタダ！ モミガラは捨てるほどある

ヌカ釜は、イネさんの実家（福島県旧東和町）でも使っていたそうで、イネさんにとっては珍しくもなんともない。しかし見渡せばいつの間にか、まわりはみんな電気炊飯器に替わってしまった。イネさんの家にも電気炊飯器はあるが、もっぱらヌカ釜で炊いたご飯の保温用で、ご飯を炊くことはない。

「ヌカ釜なら燃料がタダなんだよ。そのモミガラをみんな燃やしてる。捨てないで燃料に使えば、原発なんていらねえぐらいだよ」と治夫さん。

イネさんの家では水田2町歩分のモミガラが毎年出る。そのうちヌカ釜に使うのは3分の1ほど。ヌカ釜に一年使っても余るほど、燃料のモミガラはたくさんあるのだ。

ご飯がおいしく、たくさん炊ける

ヌカ釜の魅力はそれだけじゃない。

「うちでは農協に供出した残りの二番米を食ってるんだけど、炊飯器で炊いた一番米よりうまいんだ。嫁いだ娘がうちに来ると、うちと同じ米を炊いてるのにヌカ釜のご飯のほうがおいしいって言うんだよ」

たしかに、ヌカ釜で炊いたご飯はつやつやと輝き、食べると一粒一粒がふっくらとしていて甘い香りがする。

ヌカ釜は一度にたくさん炊けるのもいい。もともと地主だったイネさんの家には雇い人が住み込んでいたそうで、家族も多く、ご飯をたくさん炊く家だったようだ。治夫さんとイネさんの子供も5人と多い。3人暮らしとなった今は1升炊くと多いくらいだが、直売所用におにぎりやもちをつくるときには羽釜で2升炊くので、やはりヌカ釜は欠かせない。

じつはイネさんが今使っているヌカ釜は2台目。1台目が傷んできていたときに、次女がイネさんにプレゼントしてくれたものだそうだ。

「3台目はどうなるかわかんないけど、交換用の部品を3つ買ってあるの。部品はだいたい5年もつから、あと15年、私が生きてるうちはヌカ釜を使い続けられるわね」

ヌカ釜で炊いたご飯のおにぎりを見せるイネさん。人気の枝豆入り（左）は120円、白いおにぎりは110円

火をつけて20分ほどで、ふんわりとおいしいご飯が炊けた

薪の話 Q&A

広葉樹だけでなく針葉樹も薪に使えます

文＝小林雅生（長野県伊那市・㈱エープラス）
写真＝尾﨑たまき

Q1

薪を使った火のある暮らしが注目されていますが、ストーブ用の薪は広葉樹に限るという声をよく聞きます。その理由の一つとして、針葉樹の薪を燃やすと煙突にススやタールが溜まりやすいというのは本当でしょうか？

A 原因は焚き方や乾燥具合

ススやタールが煙突に付着する原因は、ストーブの焚き方や薪の乾燥具合に大きく依存します。スギやマツなど針葉樹のなかには樹脂（ヤニ）を多く含む木がありますが、その影響は大きくありません。

ススの成分は「炭素」で、燃料（樹木）の一部が燃え切

筆者（54歳）。針葉樹の間伐材を使った薪宅配サービスに取り組む薪ストーブ販売会社エープラスのテクニカルマネージャー

らずに残ったものです。炭素は、温度と空気量が整った適切な燃焼をさせることで二酸化炭素となって大気に戻りますが、燃焼中の酸素が不足すると一酸化炭素を発生し、単体の炭素として燃え残ってしまいます。

一方、タールは薪の水分量が多く、燃焼温度が低いときに生成されやすくなります。

Q2 では、針葉樹は樹脂などのせいで高温になりストーブを傷めるというのは？

A 焚き方の影響が大きい

これは多くの人が誤解しているところです。北欧圏など高緯度地帯は薪ストーブの普及率が8割以上といわれますが、圧倒的に針葉樹の分布比率が高く、マツやトウヒなども薪に使われています。

確かに、スギやマツの株元や節には樹脂が多く含まれるので、乾燥が不十分な場合には水分とともに樹脂による可燃性ガスの揮発が早く、強い炎を伴って燃えたり、ガスが燃え切らずに黒煙となったりすることがあります。

しかし、針葉樹は植林によるものが多く、枝による節は比較的少ないと思います。大きな節が少なく十分に乾燥させた針葉樹の薪では影響はほとんどありません。高温になる原因は、薪の量と供給する空気が多すぎるなど、ストーブの焚き方に問題があることがほとんどです。

Q3 針葉樹の薪が「火持ちがしない」のは本当ですか？

A 火持ちは木の比重しだい

火持ちは針葉樹と広葉樹という区別よりも、木材の比重（繊維の密度）が関係します。比重の大きな木と小さな木では、大きな木のほうが「おき火」の状態でゆっくり長く燃え続ける傾向にあります。たとえば、ナラ（比重0・6）とカラマツ（比重0・5）を比較した場合、比重の違いは20％ほどです。針葉樹はナラの半分しか火持ちがしないという人がいますが、それは大げさで2〜3割程度の違いというのが本当です。

一方、ナラとカラマツがまったく同じ重量分あったとすればどうでしょう。比重によって薪の大きさ（体積）は異なりますが、重量が同じであれば保有するエネルギー量も

樹木の気乾比重

樹種名	気乾比重
アカマツ	0.37
スギ	0.38
ヒノキ	0.44
カラマツ	0.5
ミズナラ	0.68
クヌギ	0.85

『原色木材大図鑑』（保育社）より。気乾比重とは含水率15％のときの木材の比重

薪は長さ25〜36cm、外周20〜30cmが適正サイズ

ほぼ同じとなります。ただし、細く短い薪の束と、太く長い薪の束を比べると、細く短い薪の束のほうが早く燃え尽きてしまいます。これは重量当たりの表面積の違いが関係しており、細く短い薪の束は表面積が大きくなるので、熱分解による可燃性ガスの揮発量が多くなるからです。つまり、カラマツの薪を若干太くすれば火持ちという点でナラと大きな差は認められなくなるわけです。

とはいっても、火持ちを優先させるために太くて長い薪をいっぱい炉に入れて焚けばよいかというと、それは間違った使い方です。現代の薪ストーブは不完全燃焼を防ぎ、環境に負荷を与えないために1回に供給できる薪の許容量（重量）がおおよそ1・5〜2・5kgと決められています。

また、炎が出ている状態のときに薪を継ぎ足す人がいますが、これも不完全燃焼を引き起こす原因です。著しく燃焼効率が低下するので薪の浪費にほかなりませんし、大気汚染につながります。

Q4 供給される空気を絞ることで針葉樹の薪の火持ちをよくすることは可能ですか？

A1 多くのユーザーが必要以上に絞りすぎている

現在流通している薪ストーブのほぼすべてが、薪の燃焼に必要な空気の量を調整できる仕組みを持っているので、薪の燃焼をコントロールすることは可能です。ただし、一般のユーザーが適切にコントロールできるかというと話が変わってきます。

薪の燃焼に必要な空気は、煙突が排気を吸い上げる圧力（ドラフト圧）が生じてから、薪ストーブの吸気口を通って燃焼室に吸い込まれます。その吸気口を開く度合いによって空気の供給量を変えられますが、ストーブの空気量を必要以上に制限すると簡単に不完全燃焼の状態になります。薪が保有するエネルギーを十分に熱として活かすことができないだけでなく、煙やススなどの発生を助長してしまいます。薪の適正サイズや供給量とともに、燃焼空気の調整方法もモデルごとに示されているので、取扱説明書に記載された通りに調整することです。

「上から着火」で不完全燃焼を少なくする

薪ストーブに着火する際、細割りの薪の上に太割りの薪を組んで下から火をつける人がいるが、これは間違い。一番下に置く薪は手首くらいの太さのものにし、その上に細割りの薪を空気が通りやすいよう井桁状に組み上げ、一番上に焚き付けを置いて上から着火してみよう。てっぺんの火によって下の薪が加熱され、煙が揮発して上昇。上の炎に吸い寄せられて引火し、きれいに燃え上がる。

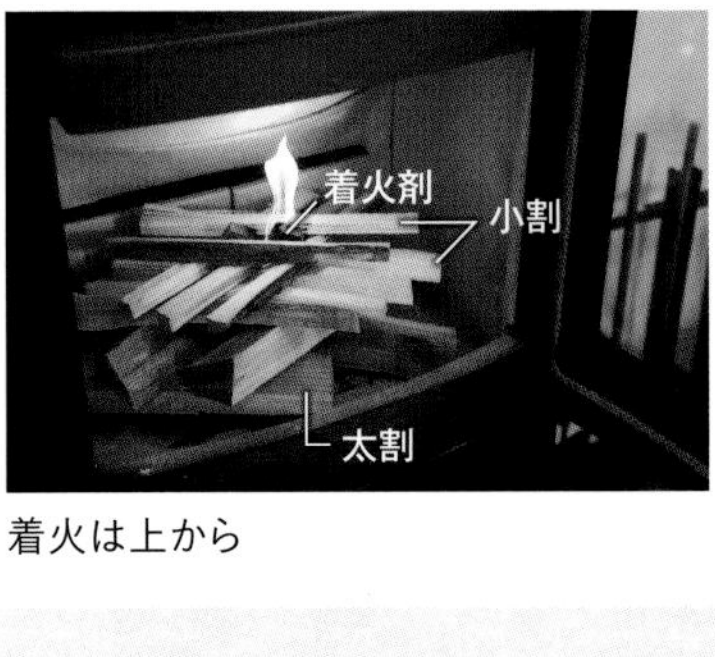

着火は上から

燃焼終期が薪補給のベストタイミング

薪の燃焼には４つの段階（フェーズ）があり、最適空気量や薪の補給タイミングも決まってくる。最近の自動制御のストーブは、それに合わせて空気量を調整している。

第１フェーズ【燃焼初期】

点火した場所の温度が上がり、熱分解によって揮発した可燃性ガスに着火。徐々に火炎が大きくなり、炉内の温度もぐんぐん上昇してくる。酸素を多く取り込むため、1次吸気口は最大になる。

第２フェーズ【燃焼最盛期】

薪が自然発火する温度に達すると全体に炎が広がる。このとき、揮発したガスに対して温度と酸素量が十分なら、煙が発生しない完全燃焼の状態に近づく。ストーブは、炉内の温度が上がるにつれ、1次吸気口を徐々に狭め、2次、3次吸気口が開く。

第３フェーズ【燃焼減衰期】

燃焼が最盛期を過ぎると可燃性ガスの揮発量が減少し、炎が徐々に小さくなるので、ストーブは2次、3次吸気口も狭める。炎が出なくなると明るいおき火の状態になり、一番長い時間、暖房に有効な熱を発する。比重の大きい木はこのフェーズが長い。

第４フェーズ【燃焼終期】

明るいおき火が徐々に小さくなり、灰に覆われる部分が多くなる。炉内の温度とともに排気温度も低下。煙突の吸引圧力が下がり、空気の流入量も減る。このときが薪補給のベストタイミング。薪を追加する前にストーブが空気量を最大にする。

デンマーク、HWAM（ワム）社製ストーブの燃焼の仕組み

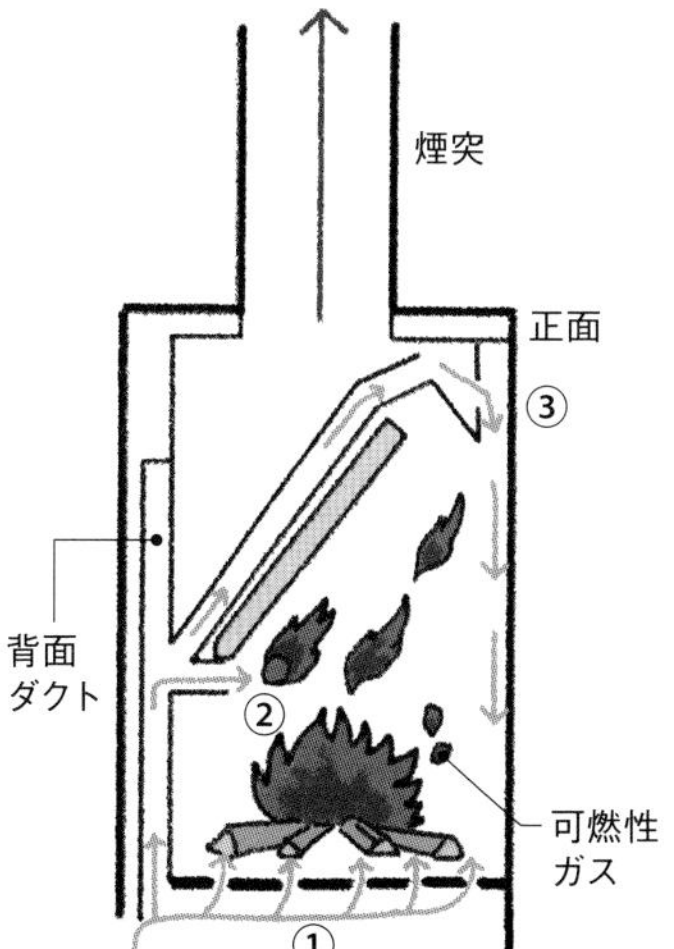

焚き始めは、1次空気吸気口（①）から酸素を取り込むことで燃焼温度が急激に上昇。2次空気吸気口（②）が開き、可燃性ガスを再燃焼する。さらに、3次吸気口（③）から流れる空気がフロントガラスへのススなどの付着を防ぐ。2次、3次の空気はストーブ内で温められてから供給される。

薪の火持ちを気にする前に、まずは住まいのエネルギー損失を抑えるための断熱性を向上させることをおすすめします。そうすることで、快適な温度を維持する時間を延ばすこともできるし、燃料の浪費を防ぐこともできます。

A2 針葉樹と広葉樹の組み合わせもよし

針葉樹のスギやヒノキは密度が小さく火がつきやすいという性質を持つので、特に初めは針葉樹で焚きつけて、スムーズな温度上昇を促し、落ち着いてきたら広葉樹を使うなど、数種類の樹種を使い分けるのもよい方法です。

針葉樹の薪は広葉樹と比べると価格が安く、人工林の多い地域では手に入れやすいのもメリットです。スギやヒノキの間伐材は山に放置されたまま、行き場のないのが現状です。そうした間伐材を薪ストーブの燃料として地元で消費することで、地域林業の活性化、森林環境の改善につながります。

Q5 薪はどの程度乾かせばよいでしょうか？

A 針葉樹は広葉樹の3分の1程度の期間で済む

薪は保存期間が乾燥度合いを決めると思われがちですが、それだけではありません。刈り取り後のイネや干し柿、寒天といった乾燥に時間がかかるものは、地面からの湿気を避け、風通しをよくするために素材を離し、雨や雪の影響を受けにくいよう工夫していますよね。薪を乾かすのも同じことです。同じ木材でも丸太のままの状態や切って割って薪になったばかりのものは、たくさんの水を蓄えています。水分を薪から素早く放出させ、湿気を吸わないようにするためには、保管の方法が最重要です。

薪の乾燥度合いを示す含水率は20％以下が目安。針葉樹は一般的に乾きが早いので、乾燥期間が短くて済むというメリットがあります。春に薪づくりをし、その冬に焚くことも可能です（早くて3カ月～半年）。一方、クヌギやコナラ、ブナなど「堅木《かたぎ》」と呼ばれる広葉樹は、水分が放出されるのに時間がかかるため1年～1年半ほどの期間が必要な場合があります。太くて長い薪は乾くまでより多くの時間を要します。

十分に乾燥していれば、どんな樹種でも薪として使うことができます。

薪の乾燥をうまくやる

針葉樹・広葉樹を問わず、適切な薪の条件は十分に乾いていること。そのために注意したいポイントは4つ。

①地面からの湿気を避けるため、15～20cm底上げして積む。
②薪は割った面から水分が蒸発するので、ぎゅうぎゅう詰めにしない。
③薪の全方位に風が当たるようまわりを囲わず、1列ごとに十分な空間を設ける。
④雨や雪が真上からかからないように波トタンか防水シートを上面にだけ被せる。

薪は灯油より安い！

文＝編集部

2021年は原油高騰を背景に灯油価格が100円/ℓを超え、7年ぶりの高値水準となった。1束（7kg）320円のエープラスの針葉樹の薪と灯油の熱量当たりの単価を比べたところ、灯油が98円/ℓを超える場合は薪が安いことがわかった。ただし、ホームセンターなどで1束600円の広葉樹の薪を買うと灯油よりずっと高くなる。もちろん、自分で山から切り出したりすれば薪代はゼロ円。

燃　料	薪	灯　油
単　価	0～46円/kg	113円/ℓ
発熱量	16.98MJ/kg	36.49MJ/ℓ
1MJ当たりの価格	0～2.7円	3.09円

灯油は2021年11月の家庭用灯油1ℓの平均単価。発熱量は、㈱DLDの資料および資源エネルギー庁のエネルギー別標準発熱量をもとに作成した。1MJ＝約239kcal

薪の重さと体積の関係

薪は、束、kg、m^3、軽トラ1杯など様々な単位で売られているが、大きくは「体積」と「重量」に分けられる。

薪1m^3は、一般的な薪の束（直径約22cm、長さ40cm）に換算すると約65束分。縦1.5m、横1.8mの薪棚にバラ積みの状態で収まる程度になる。

薪の重量は以下の式で計算できる。

重量（kg）＝体積（m^3）×比重×1000

たとえば、スギ薪0.38、ナラ薪0.6の比重で計算すると

	スギ薪		ナラ薪
単　位	体積（m^3）	重量（kg）	重量（kg）
1m^3	1	380	600
軽トラ1杯	0.7	266	420
1束	0.015	5.7	9

スギ薪1kgは約1/6束分、ナラ薪1kgは約1/9束分

風通しのよい薪棚

薪の表面は乾燥しているので、水分を測るときは一度割って、切り口に含水計の針を刺す

Q6 4年以上乾燥させると火力が出ないと聞きますが……

A カビやキノコが劣化の原因

薪の水分量は周辺空気の水分と均等になるまで時間をかけて乾燥していくと考えられ、乾燥した状態で適切に保管されている薪なら寿命はありません。ただし、保管状態が悪ければカビやキノコが発生し木材腐朽菌が木の成分を分解するなど、品質が劣化することは十分に考えられます。

炭の話 Q&A

ゼロから始める炭焼きの楽しみと基本技術

文＝千田《ちだ》淳《あつし》（岩手県北上市・炭窯元 楽炭）

白炭の窯出し。全開にした窯の口から真っ赤になった炭を掻き出す。
写真＝村上昭浩（以下＊も）

皆さん、こんにちは。「炭窯元・楽炭」代表の千田淳です。岩手県北上市で白炭の製炭、県産木炭の販売、さらには炭窯づくりのアドバイス・指導、木炭の普及事業などを行なっています。

僕の木炭との出会いは、キャンプが好きでよく使っていたことでした。その後、社団法人岩手県木炭協会（当時）の職員となり、16年間、木炭の製炭指導を担当しました。生産者の皆さんと同じ時間を共有しているうちに、「炭焼きは俺の代で終わりだ」「炭焼いても一向にもうがんね（儲からない）」という生の声が僕の心に響いてくるようになりました。このままでは先人が残した「木炭文化」がなくなってしまう。この方々が元気なうちに何とかしなくては。そんな気持ちから協会を退職し、自らも炭を焼く道を選ぶことになりました。

筆者（52歳）。チーム楽炭の仲間8人で地元の里山整備をしており、伐採した木が千田さんの炭材や仲間の薪ストーブの燃料になる（＊）

Q1 炭が焼ける原理を教えてください

A 酸素を抑えた燃焼で炭素だけ残す

木には水分がありますよね。加熱することでその水分が抜けると、木が熱分解を始めます。そのとき酸素が多いと燃えて灰になってしまいますが、酸素の供給量を抑えつつ、しかし中で火が消えない程度に通風口と煙突の開閉量を調整します。こうして木の炭素だけを残したものが木炭です。材料の木にもよりますが、おおむね黒炭は元の木の重さの20～25％、白炭は10～15％になるといわれています。

Q2 薪と比べ炭にはどんな利点がありますか

A 炎も煙も出ない

よくわかるのは、薪を燃やすと煙が出るのに対して、燃焼しても煙が出ないのが木炭。薪は炎も出ますが、品質の良い木炭は煙だけでなく炎も皆無です。薪に比べ軽いのも炭の利点でしょうか。

Q3 品質のよい炭はどこが違う？

A よい炭は直火焼きで実力発揮

一般に炭の良し悪しは、火つき、におい・煙・炎の有無、火持ちでしょうね。ただ、これは使う人しだいというか、何を一番求めるかにもよります。

におい・煙・炎が出るのは、炭化が進んでいなかったり、精煉（後述）が不十分だったりして、炭素以外の成分が残っているからです。ホームセンターなどでよく売られている黒炭は輸入品で、こういう炭が多いですね。肉や魚を直火で焼くとにおいがつきやすく、野外のバーベキューならまだしも家の中では使えません。

でも、デメリットだけではない。炭素以外の成分が残っていると火つきがいいので着火剤にはうってつけなんですよ。バーベキューで重宝されるのも一理ある。

また、黒炭と白炭を比べれば、黒炭のほうが火つきがいい。一方、白炭は火つきはよくないけれど火持ちはいい。だから使う側が何を重視して選ぶかにもよるわけです。

Q4 黒炭と白炭の違い、それぞれに向く樹種は？

A 火つきがよい黒炭、火持ちがよい白炭

同じ木を使った場合でも、後述するように黒炭と白炭では製造工程に違いがあります。できた炭については、それぞれ次のような特徴があります。

黒炭（こくたん　くろずみ）　樹皮が付着している。火つきがよい。表面から徐々に燃焼する。

白炭（はくたん　しろずみ）　樹皮がない（製造途中で燃え落ちる）。硬くて、たたくと金属音がする。火持ちがよい。炭全体、内部まで火が回り、赤々と燃焼する。

樹種については、白炭に向く木として有名なのは「備長炭」の原木として有名なウバメガシですよね。硬い炭になる白炭には硬い木、比重の重い木が向いているということでしょう。それ以外は、地方ごとにその地にどんな木が生育しているかによります。たとえば岩手にはカシはありません。岩手県は黒炭産地として有名なのですが、私は主にコナラ・ミズナラで白炭を焼いています。

Q5 炭焼きの主な工程を教えてください

A1 木ガスを抜く精煉が大事

左に工程を示しました。精煉の前までは黒炭も白炭も同じです。精煉というのは、窯の中の温度を上げて木ガス（一酸化炭素やメタンなど）をしっかり抜くこと。これが残っていると炎や煙が出る炭になってしまいます。

黒炭の精煉は、煙突の煙の温度が300℃程度になって見えなくなるのを目安に、絞っていた煙突の口（穴）を1～2㎝広げる。それから2時間ほどしたら今度は窯口の通風口を1～2㎝広げる。そしてまた2時間たったら煙突を少し広げる……と交互に少しずつ煙突と通風口を開けていく。煙突が全部開くと、やがて煙突の口の内側が白く変色します。それからしばらくたつと今度は銀色に輝く。これが閉めどきです。まず通風口を完全に閉じ、2～3時間おいて煙突も完全に遮断します。

ただ、こうなるまでおける窯は立派な窯です。煙の色が

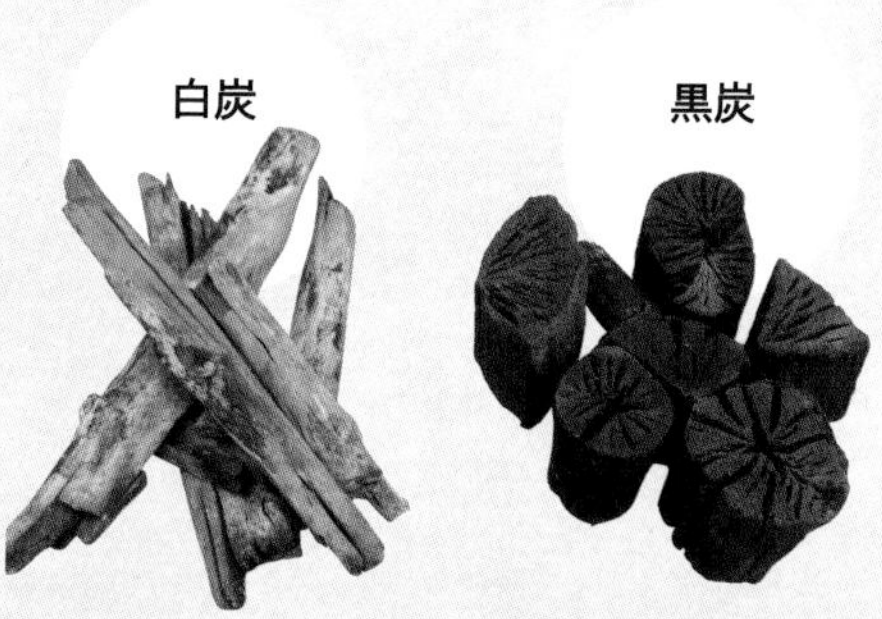

同じ原木（ナラ）を焼いてもずいぶん形状が違う。白炭が白いのは砂を混ぜた灰で消火するため。黒炭は軽くて気層が多く、樹皮部分が残っているので火つきがよい

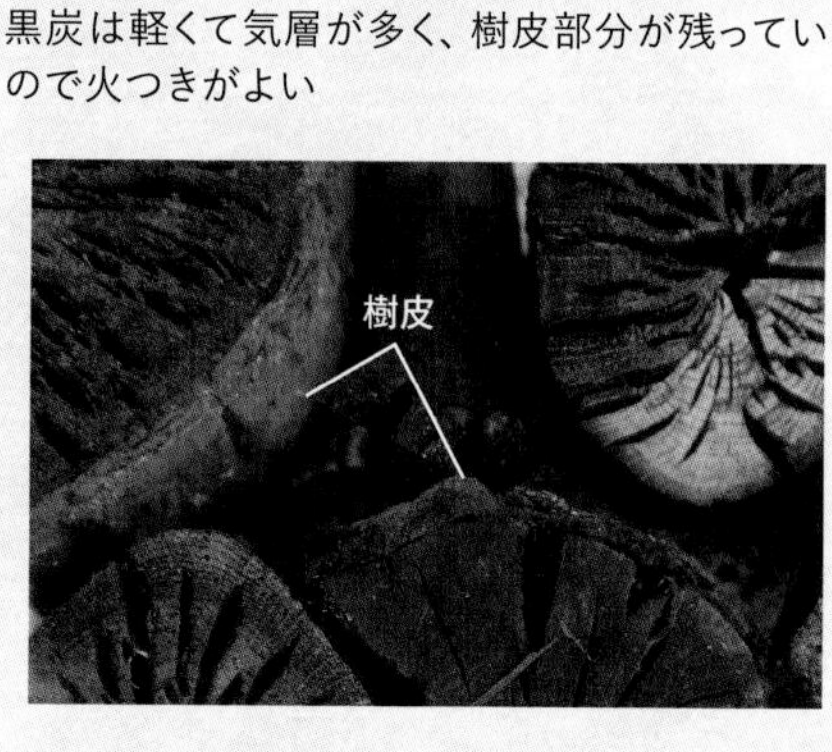

樹木の気乾比重

樹種名	気乾比重
クリ	0.60
カキ	0.61
ヤマザクラ	0.62
ブナ	0.65
ミズナラ	0.68
ケヤキ	0.69
コナラ	0.76
ヤブツバキ	0.81
シラカシ	0.83
クヌギ	0.85
ビワ	0.86
アカガシ	0.87
ウバメガシ	0.99

『原色木材大図鑑』（保育社）より。気乾比重とは含水率15%のときの木材の比重

◎ウバメガシを筆頭に、アラカシ・アカガシ・シラカシなど比重の重い木は備長炭（白炭）の炭材として優れているという。「柑炭」（p122）のミカンの気乾比重も0.80というデータがあるので（『樹木と木材の図鑑』創元社）、火持ちのよい炭になりやすいのだろう。どんな木でも炭になるが、千田さんによればケヤキとブナは炭にしたときににおいが残りやすく、クリの炭ははぜやすいそうだ。

炭焼きの工程

窯口から中に入って原木を並べる

原木の確保・調整
- 長さ1.2ｍ、太さ（直径）10～12cmに揃える。

立て込み
- 原木の太いほうを上に、細いほうを下にして立てる。
- 樹皮がついた側を窯口に向けると、炭になったとき樹皮が密着して残りやすい（黒炭の場合）。

炭窯の断面図

火入れ
- 窯口で三角錐型に組んだ薪に火をつける。
- このとき煙突は全開。

蒸気乾燥(蒸煮)
- 窯内の温度が上がり、原木の水分が抜ける。
- 窯内部がサウナのようになりながら原木の乾燥が進む。煙突から白い蒸気。
- 窯口を半分ほどまで閉じ、煙突はいったん閉じる。

着　火
- 煙の温度を時々測り、65～70℃になったら煙突を3分の2まで開け、窯内の原木への着火を促進。
- 原木に火がついたら窯口を閉じる。下のほうに通風口だけ小さく残す。

炭　化　窯内に入る酸素を絞りながら熱分解を進める
- 煙の温度が80℃を超えたら、煙突の口の隙間を2cmまで狭める。
- 炭化が始まるとからいにおいの黄色っぽい煙が出る。手をかざすとネバネバする。
- 煙は高温になり青っぽい色に変わり、その色が薄くなっていく。

窯口の石を少しずつ取り外しながら空気の量を増やしていく（＊）

精煉・消火　窯に酸素を送り、煙突全開で木ガスを抜く
【黒炭の場合】
- 煙が300℃になり見えなくなったら、煙突口を1～2cm広げる。
- 1～2時間後、今度は窯口の通風口を1cmほど広げる。以降、1～2時間おきに煙突と通風口を交互に広げていく。
- 煙突が全開になると煙は400℃を超える（窯内は約800℃）。煙突口の内側が白→銀色となったら、通風口を完全に閉じる。2～3時間おいて煙突も全閉して消火。

【白炭の場合】
- 煙が見えなくなったら、時間をかけながら煙突を全開に。
- 煙突を全開にしてから通風口を少しずつ開く。
- 窯口を全開にして、中が朝日のような明るい色（1200℃以上）になったら窯出し。精煉開始から約10時間後。
- 砂と混ぜた灰をかけて消火。

（＊）

見えなくなる頃になると、高温のために窯が膨らんでくるので、怖くなって通風口も煙突もすぐ閉じてしまう木炭生産者もいます。

なお、煙突と通風口を少しずつ開けるのは、窯の中の温度変化を大きくしないため。一度に開けて冷たい空気が入ると炭が割れてボロボロになってしまいます。

A2 白炭は窯から取り出して消火

白炭の精煉は温度がもっと上がります。黒炭の窯は土が多いのに対して、白炭の場合は石を使っているので熱が冷めにくく、温度が上がりやすいんです。

空気の入れ方も黒炭とは違って、白炭の精煉は、まず煙突だけを、時間をかけてゆっくり開いていく。煙突を全開にしてから、今度は窯口の通風口を少しずつ開いていきます。そして、白炭は真っ赤な高温の炭を窯から取り出して消火するため、窯口を全部開いてしまいます。

こうして大きく開いた窯口から酸素が十分に供給されるため、白炭の精煉温度は黒炭より高くなり、精煉が一気に進みます。炎も煙も全然出ない、炭素以外の成分がほとんどないような炭になるわけです。

最後、窯出しといって、真っ赤な炭を掻き出すタイミングも重要です。木炭協会時代の先輩は「朝日と夕日の違い」と言っていました。夕日のオレンジ色のうちは８００℃前後なので、もうちょっと待つ。

黒炭に火をつける方法

黒炭を煙突（タワー）のように重ね、中に置いた着火剤に点火する

魚は強火の遠火で焼く

これぞ炭の力！ 直火焼き

文＝編集部

薪が燃えると炎が出るのは、木の成分がガス化したものが燃えるからだ。良質の炭は、これらの成分が焼失しているので炎を出さず、残った炭素が固体のまま燃える。

その特長を最大限活かしたのが直火焼き。肉の場合はタンパク質の熱凝固で表面に皮膜をつくりながら、素材の成分の溶出を防ぐ。魚も表面はほどよく焼き色をつけてカラッとさせながら、内部は十分に水分を保った状態でふっくらと焼き上げる。

千田さんいわく「特に魚は強火の遠火がいい」。熱源から10cm程度離したほうが焦げないし、遠赤外線の熱は十分届く。脂が多い肉の場合も、遠火のほうが脂が落ちて出た炎で焦げずにおいしく焼けるそうだ。

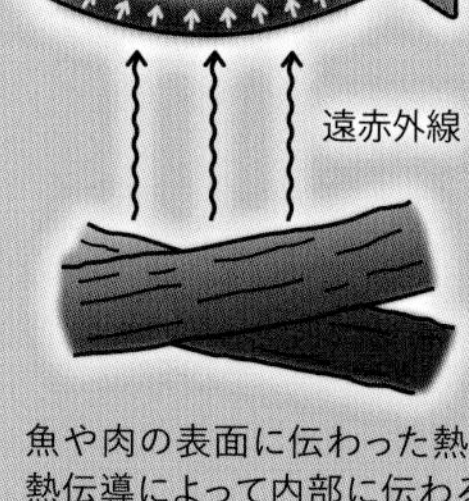

魚や肉の表面に伝わった熱が熱伝導によって内部に伝わる。内部は表面より低めになるので水分がよく保持される

（参考：農文協『食品加工総論』第3巻「焙煎・焙焼・焼成」）

本日の昼食、
鮎の炭火焼き!!

朝日のまぶしい色になったときが掻き出すタイミング。窯の中の温度は1200~1300℃にもなります。

Q6 バーベキューなどで、炭に火をつけるときのコツを教えてください

A あおぎすぎは失敗の元

木炭に火がつくまではむやみにあおがない。早く点火したくて種火をあおいで逆に消していることがあります。まず、木炭を煙突状に組む。その真ん中に砕けた炭や皮炭を少し入れる。その上に着火剤を置いて火をつける。煙突状に組んだ炭の中で上昇気流が起きて火力が強まるので、火元に砕けた木炭をまた何個か入れる。で、着火剤の火が消えるのを待ってウチワや火吹きで空気（酸素）を送れば全体に火が回ります。

Q7 家の中で炭を使って調理できますか？

A 炎・煙・においの出ない炭と換気が大事

部屋でも炭での調理は可能です。ただし、火つけの段階で嫌なにおいや煙・炎が上がる木炭は事故の元なので使用は控えましょう。食卓で炭火焼肉も可能ですが、火災報知機などがない場所を選んでください。また、1時間に1回は新鮮な空気を入れるよう換気。これが一番重要です。

千田さんの白炭は「夏油《げとう》白炭」として北上市のふるさと納税の返礼品にもなっている

道具は、七輪・焼き網・炭ばさみがあればOK。もちろんおいしいお肉やお魚も。

Q8 ところで炭窯をつくるにはいくらくらいかかるのでしょう

A 引退する製炭者の窯、休眠窯を探すといい

窯を一つつくるには材料費だけで150万~200万円かかります。私の場合は、県内で白炭を焼いていた人が高齢で引退したため、その窯を譲り受け移設しましたが、窯の費用だけで90万円、小屋の屋根まで含めるとおおむね150万円かかっています。

炭窯の費用は、林野庁の「森林・山村多面的機能発揮対策交付金」で3分の1を補助してもらいました。これは3人以上（森林経営計画から外れる小さい山主や森林ボラン

ティアなど）で活動組織をつくることで受けられる補助金です。残りは自分で負担したのと、炭窯設置のワークショップを開催し62人の方から２０００円ずつ参加費をいただきました。また、私の活動に協力していただいている木炭の問屋が補助してくれています。

「新規就炭」しようという方は、高齢で引退する製炭者の窯や休眠窯を利用するのがいいと思います。窯の持ち主から製炭技術を教わることもできるでしょう。

Q9 炭焼きを生業とした場合、どれくらいの量を焼けば暮らしていけますか

A 製炭だけで食べていくことは無理

私の先生（故・早坂松次郎氏）は、生業にするには窯を3基稼働させる、と言っていました。3基の窯をずらして焼きながら、月に3窯（15kg換算、75～85俵／窯）焼く。1窯で70俵出せれば、1窯あたりの収入が21万～25万円（黒炭、１kg２００円余りで出荷）、経費を引いて手元に10万円ほど残ります。年間フルに焼いたとして36窯、３６０万円の手取り。何とか生活できますよね。しかし暑い時期に炭を焼くのは大変です。10月から4月まで、年間7カ月がいいところでしょう。

炭になる量が減る白炭の場合はもっと大変です。岩手の白炭は備長炭のような高い価格では問屋さんは買ってくれません。僕、だからいろいろアルバイトをしているんですよ（笑）。

最近は、大雨のたびにどこかで土砂崩れが起こります。獣害も広がっています。どちらも里山が壊れたせいです。だから、炭焼きは里山の生態系を守っているんだよ、といっても問屋さんは高くは買ってくれませんね（笑）。

でも、悪いことばかりではありません。うちを直接訪ねてくるようなお客さんは、（焼いた炭の中の）いいところをください、１kg１０００円でも買う、と言ってくれます。また、北上市のふるさと納税でも扱ってもらえるようになりました。

また、僕は5人の製炭者と「岩手炭研《たんけん》隊」というグループをつくっています。自分も含め6人が焼く炭を、飲食店などのユーザーに直接届ける新しい流通をつくろうと画策しています。高品質の白炭と黒炭をユーザーにとっては比較的安く、生産者にとっては従来より高くなるように売りたいと思っています。

キャンパー向けに、着火剤と針葉樹の薪、黒炭、白炭をセットにした「チャコールマンＢＯＸ」も売り始めました。火つきのよい薪・黒炭と火持ちのよい白炭のセットです。キャンパーの中にはゆっくり火を眺めたい人もいるでしょう。そういう人に白炭がおすすめです。

炭焼きだけで食べていくことは難しいですが、春から初秋は農業をやり、中秋から晩冬に炭を焼く。そのやり方（農業・林業）を地域の高齢者から伝授してもらうような、人が集まる場をつくる。農福連携に「林」も加わる――そんな暮らしや社会も悪くないように思います。

薪でテントサウナ

── 自然のなかで心身「ととのう」

齊藤秀男（長崎市地域おこし協力隊）

屋根と煙突が接する
箇所は熱に強い素材
が使われている
煙突
ストーブはステンレス鋼板
製で、側面と底面が遮熱シ
ールドで覆われている。長
さ40cmまでの薪が入る
遮熱
シールド
サウナストーン
焚き口
空気
火の粉
対流
燃焼炉の奥に排気ガスから火の粉を
分離する区画があり、煙突から火の
粉が飛散しにくくなっている
ストーブ本体と側面の遮熱シールド
の間を空気が通ることで暖められる

イラスト＝坂口和歌子

秋冬の集客が課題だった

長崎市琴海《きんかい》地区には戸根川という川があります。6月頃にはホタルが多く飛ぶので、流域はホタルの里として知られ、毎年たくさんの人が訪れます。この川の上流、車通りから離れた山のなかにあるのが「清流と棚田の里」です。

農作業体験がウリの「清流と棚田の里」は、農閑期のお客さんが少ないことが課題でした。秋冬の集客は、自然体験施設の多くが抱える問題ですが、それを聞いた私は、この地区の一番の魅力であるきれいな川を活用するにはサウナがぴったりだと思いました。

サウナ発祥の地・フィンランドでは、外気温が0℃以下でも、みんな当たり前のようにサウナを楽しんでいます。サウナ室で汗を流したら、体を冷やすのは湖。外気浴では体から湯気が上がる光景が見られます。

そこで注目したのが、テントサウナです。テントサウナとは、テ

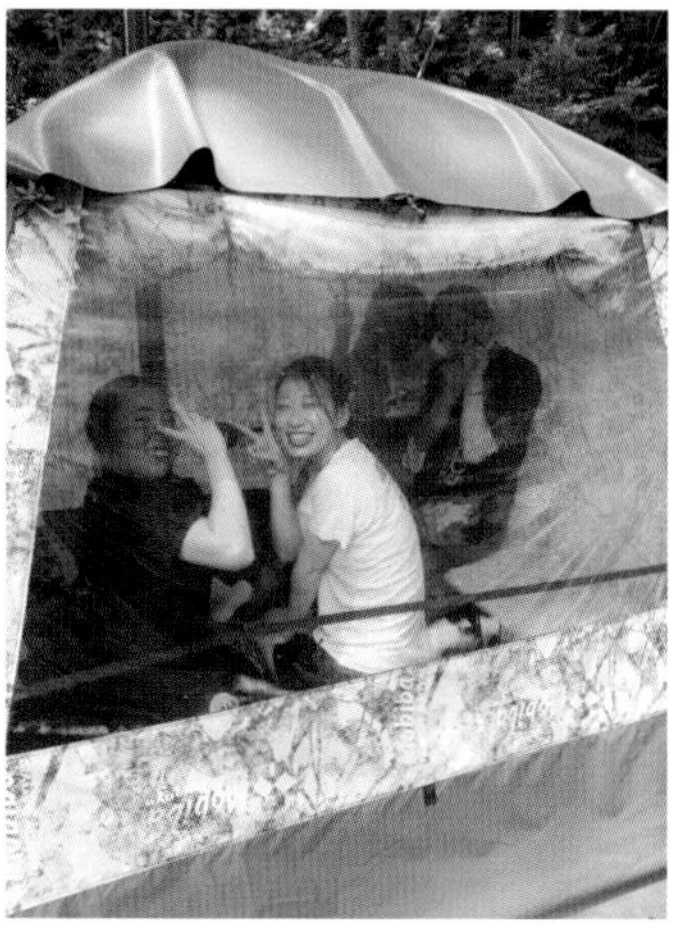

サウナテント内はTシャツを着たままでも大丈夫

テントサウナの入り方

❶サウナ（7～10分間）

- 薪ストーブでテント内を暖める。10分ほどで60～70℃まで上昇。水着に着替え、水分補給（200mℓ以上）をしたら準備万端。
- テント内に入ったら、薪ストーブの上で熱しておいた石（サウナストーン）に水をかけて蒸気を発生させる（ロウリュ）。90℃くらいまで温度を上げて、2分おきにロウリュして発汗を促す。7～10分間、薪が燃えて弾ける音を聴きながら暑さを楽しむ。

テントの構造

キャプ用と違って底面がなく、テント側面に換気口、上部に煙突用の穴がある。定員4人のテントは薪ストーブ付きで15万円ほど（ロシアのモビバ社製）

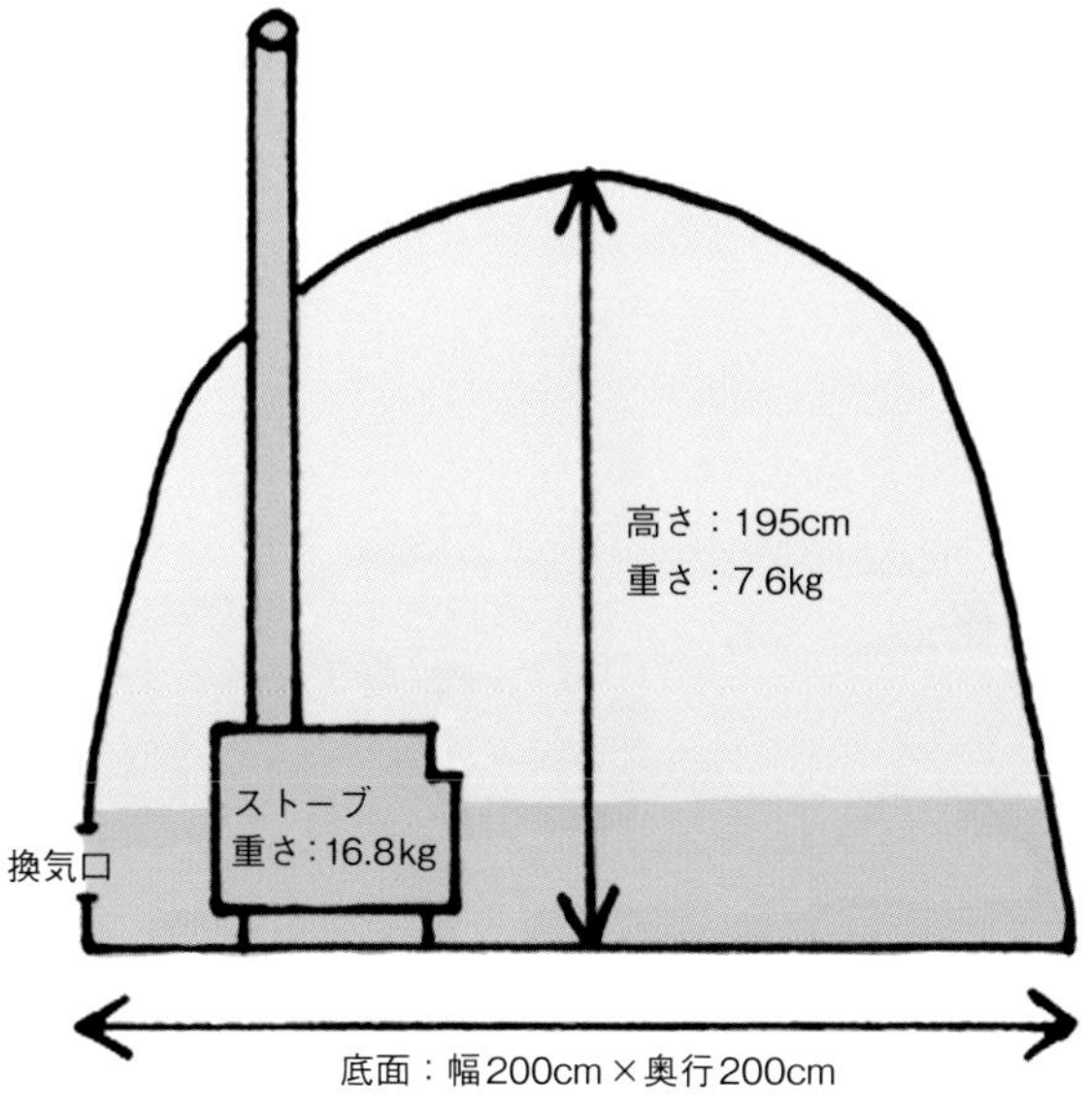

ントでできる移動式サウナで、「アウトドアサウナ」と呼ばれることもあります。イチからサウナ小屋をつくるよりも手軽なのがいいところで、2020年秋、4人入れるテントを1張り、市の補助金を活用して導入しました。

荒れた竹林の竹を薪に

サウナの熱源は、テント内に設置した薪ストーブです。琴海地区では荒れた竹林が拡大して問題となっており、処理に困っているという声も多くあったので竹を薪にすることにしました。

利用料金は、テント1張りが薪代込みで2500円。その他に「清流と棚田の里」の入場料として1人500円いただきます

21年からは6人用を含む3張りのテントサウナを稼働させ、年間利用者はのべ500人を超えました。夏だけのものと思われていた川を、それ以外の季節も活用することで、年間を通じてお客さんを呼べるようになりました。

❷川で水風呂（30秒〜1分間）

- 体が十分に熱を持ったと感じたら、水風呂の代わりに川へ入る。
- 体に水をかけて水温に慣れたうえで全身浸かる。熱された体が一気に引き締まる。

筆者（29歳）

❸森林浴（7〜10分間）

- 気化熱で体温が下がらないように体についた水気をタオルで拭いたら外気浴。リクライニング式の椅子に身をゆだね、川のせせらぎや鳥のさえずりを聴きながらボーッとする。
- ①〜③を３セットすると、③のときに爽快感が訪れる。心身が深くリラックスした状態で、サウナーはこれを「ととのう」という。

進化する手づくり薪ストーブ

かまど型ロケットストーブ
――薪がたくさん入り、逆流なし

宮崎昭行（長崎県五島市）

かまど型ロケットストーブの燃焼室には、横にした薪がたくさん入る。ドラム缶の内部にヒートライザーがある

ロケットストーブの弱点

燃焼効率の点ではとても優れていても、ロケットストーブ*には実用上大きな問題点があります。

一つは、ロケットストーブは燃焼室から煙道まで基本的に同じ内径である必要があるため、燃焼室が直径20cmと小さく、一度に薪を多く入れることができません。

二つ目は燃焼する薪が縦になっていて室内に露出しているため、薪が倒れると火災の危険性があること。そして、三つ目は排ガスを利用するため煙道を長くすると排管抵抗が大きくなり、しばしば焚き口に煙が戻るバックフロー（排ガスの逆流）が起こることです。

これらの解決に悩んでいたとき、インターネットで「かまど型ロケットストーブ」を見つけました。

「かまど型」の仕組み

開発したのは、オランダの技術者、ペーター・ファンデン・ベルク。ポイントは、薪が横に入るかまどのような広い燃焼室を断熱し、その後に続くヒートライザーとの境界に狭窄部（ヒートライザー内径の70％）を設けていることです。

ヒートライザーの効果で燃焼室出口で流速が速まり、燃焼がよくなるのは、従来のロケットストーブと同様です。「かまど型」は焚き口が曲がっていませんが、狭窄部の後部に乱流が起こることで高温の燃焼ガスと空気が混合して燃焼効率が上がります。

また、排ガスの熱を利用するために煙道を長くするのではなく、煙道の途中に「ベル装置」という比較的大きな空間をつくります。ここで室内の空気に熱を吸収させてから煙突を屋外に延ばして、排管抵抗を小さくし、バックフローをなくしているのです。

私がつくったかまど型は、ヒートライザー上部が640℃、調理用のオーブンが400℃になり、そのときの排煙は40～50℃です。煙がほとんど出ず、薪の消費量は薪ストーブの半分となりました。

＊燃焼効率が抜群にいい手づくり薪ストーブ。燃焼室のまわりを断熱することで、燃焼室内に強力な上昇気流が発生。酸素も入り、効率よく燃焼する

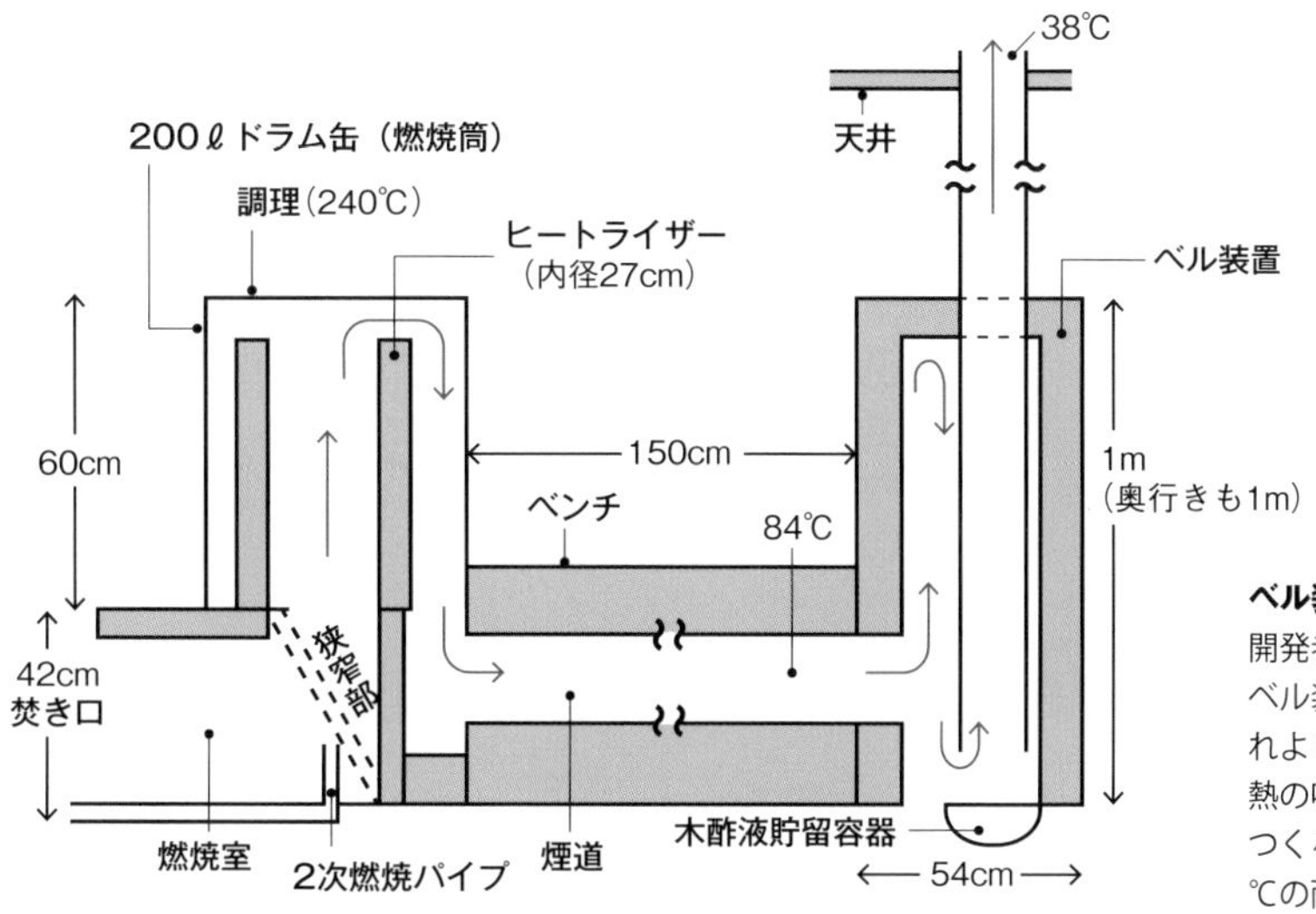

筆者がつくったかまど型ロケットストーブの概要

ベル装置の注意点

開発者によれば、ベンチ内を通った煙道をベル装置の下方に入れ、煙突下端の口がそれよりも下になるように配置したほうが排熱の吸収によい。また、必ずしもレンガでつくる必要はなく、金属や土など50～60℃の耐熱性があればよい。

ベンチの右側のベル装置（1m×1m×54㎝）でも室内の空気を暖め、排熱を減らす

煙道

ベンチの中の様子。石と壁土とレンガでつくった

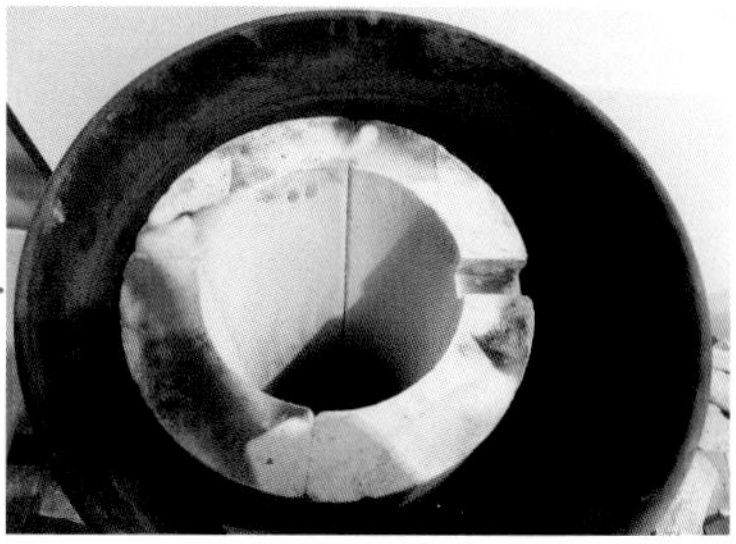

ドラム缶の内部。スーパーシリカのヒートライザー（内径27cm）

燃焼室の扉を開けて内部をのぞいたところ。奥が狭窄部

焚き口

狭窄部

ヒートライザーを載せる前の状態を上から見たところ。狭窄部は2枚の耐火レンガの板が斜めに置かれ、スリットのようになっている

＊ペーター・ファンデン・ベルクによるかまど型ロケットストーブの解説サイト
http://batchrocket.eu/

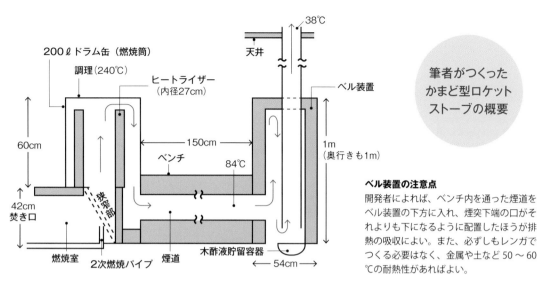

丹後ロケットストーブ「かぐつち2号」
── 蓄熱暖房効果で火持ちがアップ

宇野 勝（京都府京丹後市）

本体は熱に強い3.2㎜厚の鉄鋼製。高熱にさらされるバーントンネルやヒートライザーの部材には4.5㎜厚の角パイプを使い、経年劣化で傷んだ場合は抜き差しして簡単に交換できるようにしました。

また、燃焼筒の両側に耐熱レンガを付けることで、鋼板から熱を奪って蓄熱。レンガから熱エネルギーが逐次放熱されることで部屋の温度が一定に保たれ、薪の消費量が抑えられるのも特徴です。

ユーザーがキットを組み立てることで、価格は税込22万円（煙突、耐火レンガ代は除く）。2015年の発売以来、7年で330台以上が売れています。

著者と「かぐつち2号」。本体は幅45cm、奥行80cm、高さ108cm、重さ80kg

かぐつち2号の燃焼の仕組み

バーントンネルと断熱したヒートライザーを備えることで強烈な上昇気流が発生。燃焼筒の天板の温度は350〜400℃になるので、炊飯や湯を沸かすのに便利だ

燃焼筒の天板を外したところ。パーライトで断熱したヒートライザーの切り欠きを通って、高熱の煙がダウンドラフト空間に引き込まれる

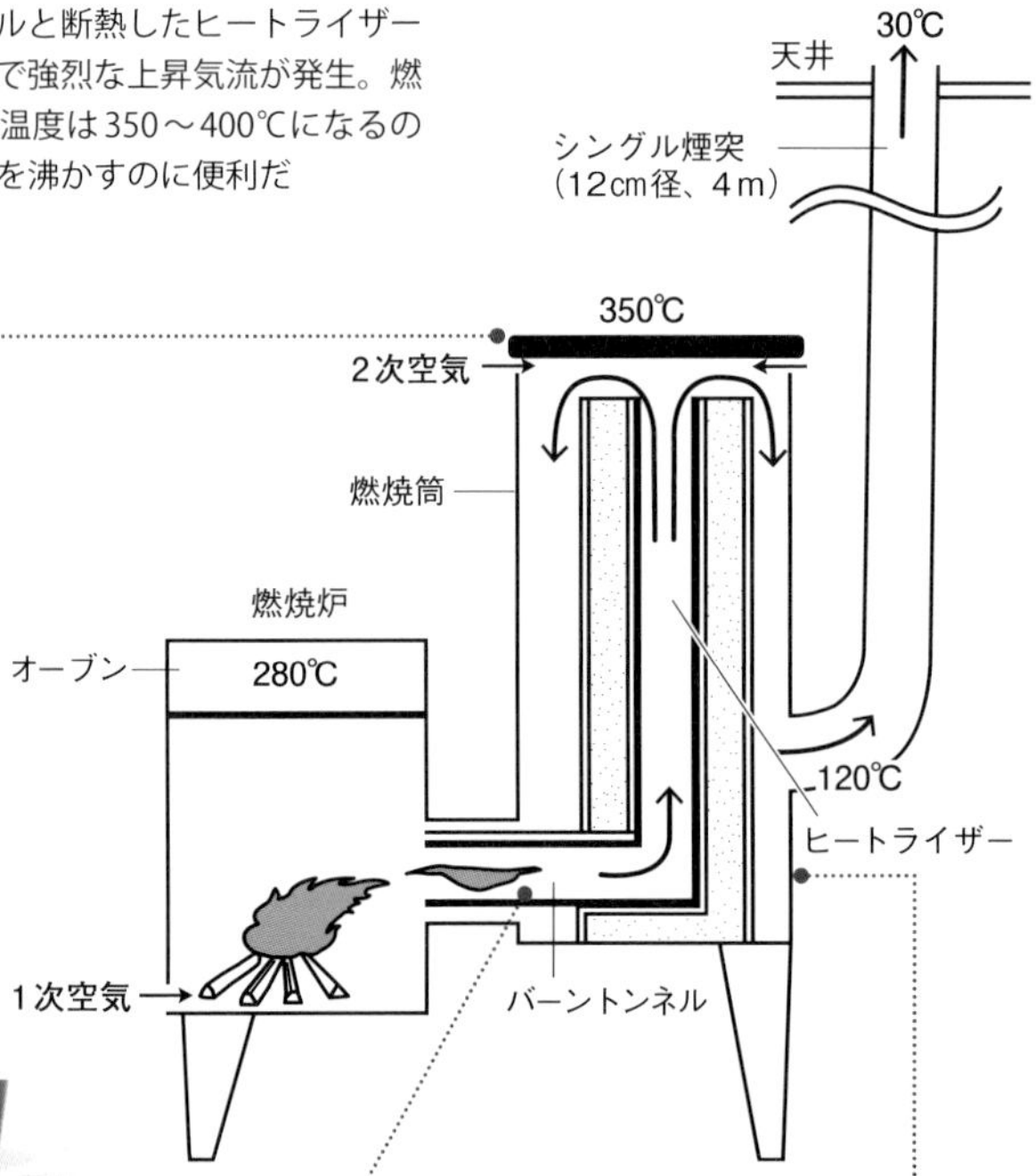

経年劣化するので5〜7年で交換（セットで1万円）

燃焼筒の側面に耐熱レンガを取り付ける

一斗缶積みロケットコンロ

── 調理も得意な多機能ストーブ

山田陽介（広島県安芸太田町）

一斗缶どうしはバラバラになるので、ラクに持ち運びができるストーブ兼コンロ。薪を細かく割る作業が省けるように、焚き口を広くしてあります。また、天板の部分には鍋を3つ置くことができ、場所によって強火・中火・弱火を使い分けて調理できます。意外にも「形がかわいい」と女性からのワークショップの依頼が多いのですが、丸一日かければ誰でもつくれます。

オーブンでクッキーやピザが焼ける

オーブンの内部には耐熱レンガ10枚（底以外の4面分）を設置。アルミのアングルでつないだ。天板は右にいくほど強火になる

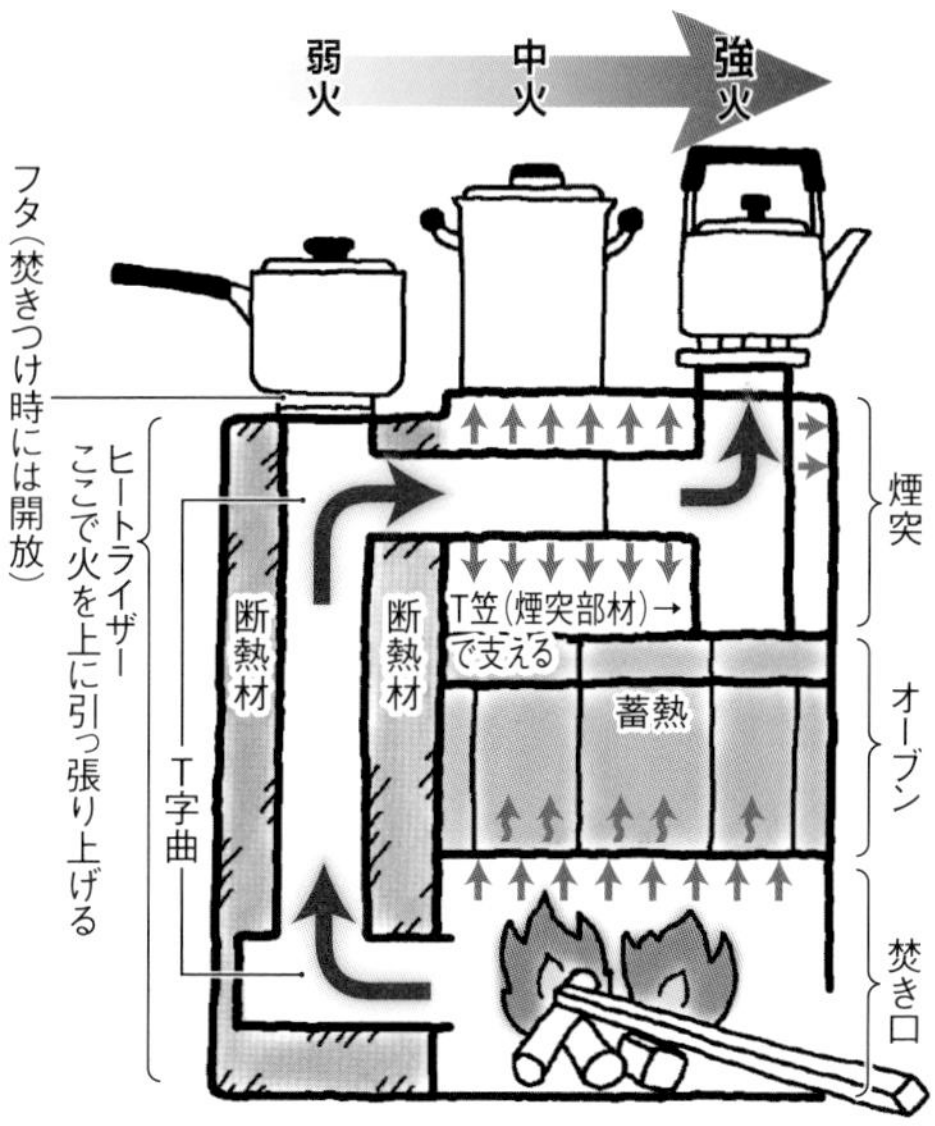

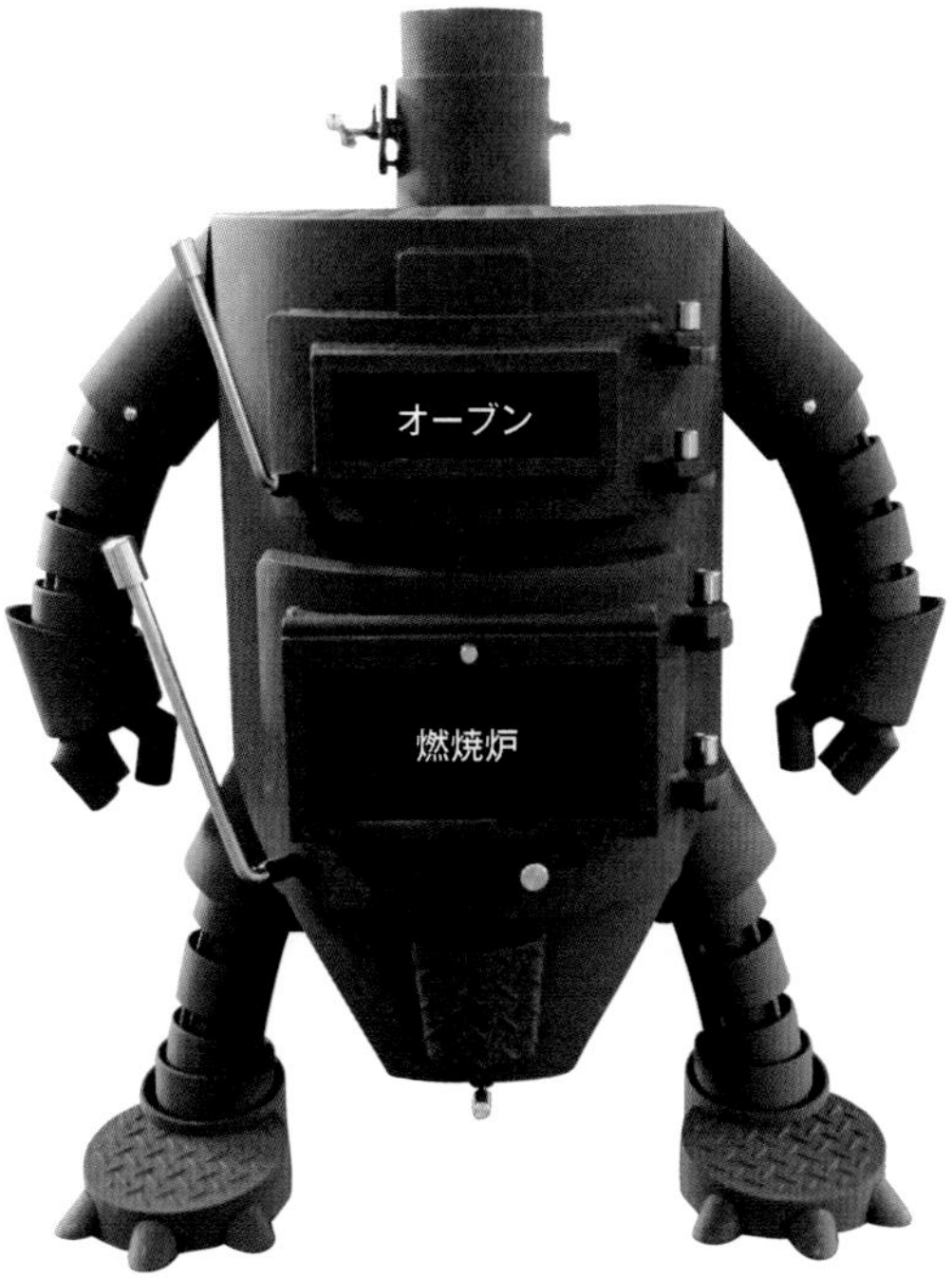

ロボット型薪ストーブ

── 鉄工所生まれのご当地ストーブ

小磯雅範（高知県土佐清水市・小磯鉄工）

オブジェとして夏でも楽しめるように、細部のデザインまで工夫している。燃焼炉には6㎜厚の鋼板を使用し、内側には耐熱レンガを入れて補強している。2次燃焼方式で高温の空気が胸のオーブンにまんべんなく伝わるので、ピザや焼き芋がきれいに焼ける。

幅95cm、高さ90cm、奥行80cm、重さ200kg。価格65万円（税込）
詳細は、http://koiso-tekko.com

製炭ムラが少ない
タテ置きドラム缶窯のつくり方と使い方

加藤健一（長野県林業総合センター 特産部）

ドラム缶窯の周囲をコンパネで囲うのは、山土を充填してドラム缶窯と焚き口の周囲をふさぎ、全体を断熱するため

この炭窯のポイントは、上面が開閉可能なオープン式ドラム缶（100ℓ）をかまどの上にタテ置きにしたことです。かまどからドラム缶に抜ける「内部煙突」を付けて焚き火の煙を引き込み、「外部煙突」でドラム缶の下部から空気を引っ張ることで炭材に熱が均一に回り、製炭ムラが少なくなる仕組みです。

ドラム缶はボルトバンドでフタを固定できるので密閉性が高く、煙が漏れないのもメリットです。煙突や鉄板、ブロックなど、すべてホームセンターでそろう材料で、7万円ほどで手づくりできます。

火入れから窯止めまで

かまどに火をつけてから窯止め（消火）まで約7時間。焚き火を燃やすのは、炭材が自燃に入るまで（着火から約3時間）、その後は焚き口から入る空気量を絞る。

その際は、焚き口の手前にブロックを置き、その上に載せた鉄板をずらして空気量を調整し、炭化の進行をコントロールする（最終的には焚き口を1cm程度まで狭める）。

窯止めは、鉄板で焚き口を完全にふさぎ、その上から土をかけて空気を遮断。また、外部煙突をふさぐには、アルミホイルで口を覆ってレンガを載せるだけでよい。

焼き上がったクヌギ炭。1回の炭焼きで40kgの炭材から8〜10kgの木炭ができる

③ 山土を入れて断熱する

ドラム缶のフタが完全に覆われるまで山土を被せる

ドラム缶のまわりを囲んだコンパネの中に山土を入れて断熱する（ドラム缶の前面の囲いは高温になるので鉄板を使用）

① かまどをつくる

雨水が上がってこないように地面に波トタンを敷き、その上に鉄板を置いてブロックを積む。ドラム缶窯を載せる鉄板は、40cm径の穴をあけ、タッピングビスでブロックに固定

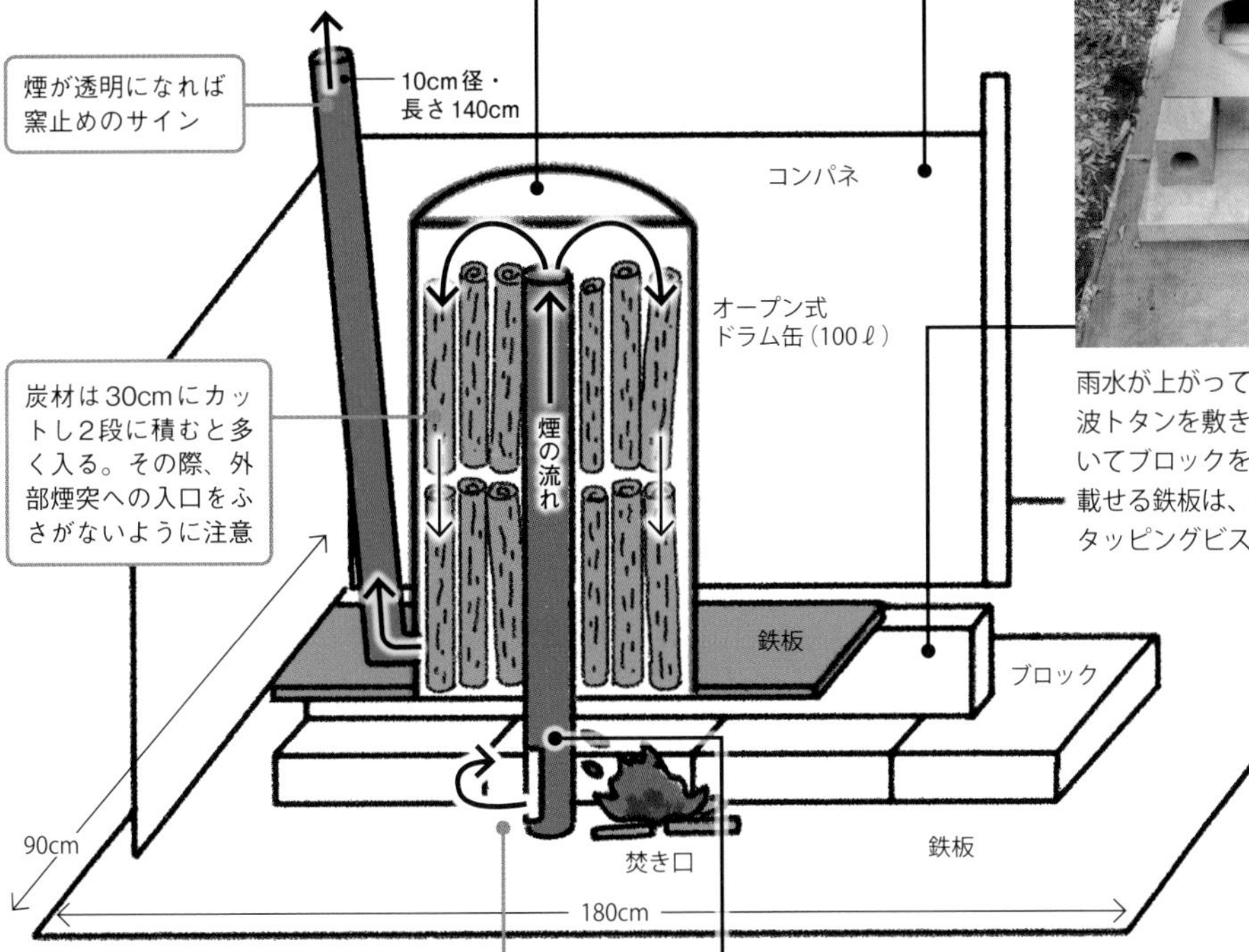

内部煙突の煙の取り入れ口を焚き口と反対向きにすることで、火がかまどの奥のほうまで回り込み、ドラム缶の底をまんべんなく加熱できる

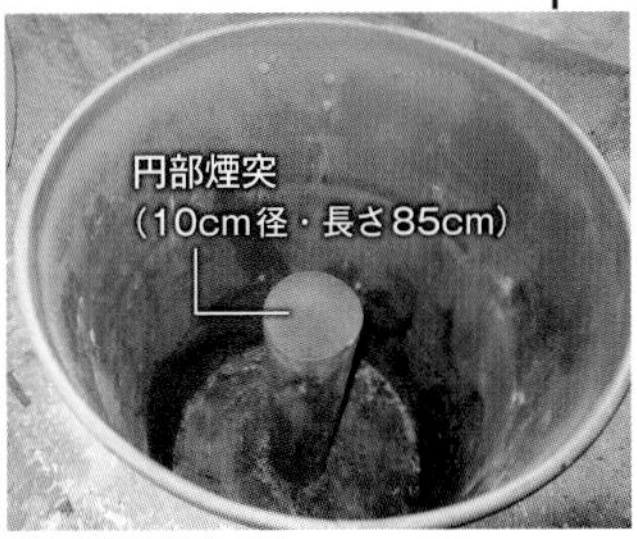

② 内部煙突を付ける

ドラム缶の底に10cm径の穴をあけ、焚き火の煙をドラム缶窯に送る内部煙突をかまどの底まで挿し込む。内部煙突の下部には煙の取り入れ口を付ける

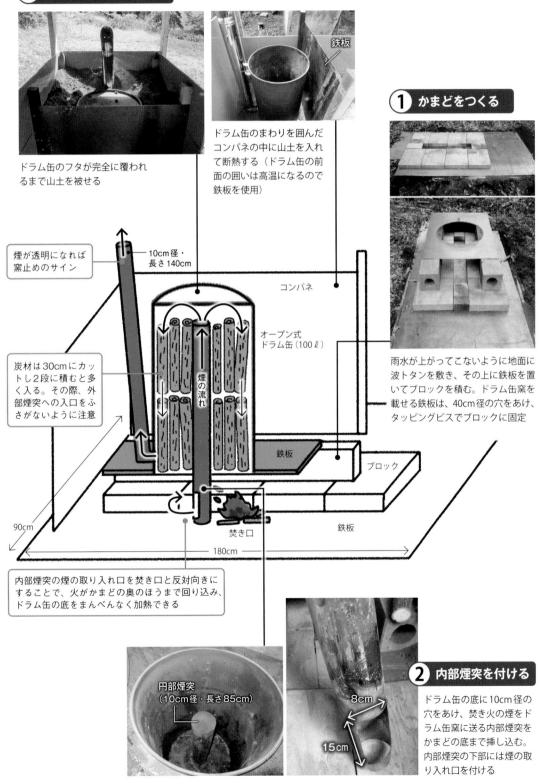

まるで備長炭

ミカン伐採木で「柑炭《かんたん》」

静岡県浜松市・舎房窯《しゃぼうよう》　橋本 健さん

文＝編集部　写真＝高木あつ子

ミカンの木を焼いた「柑炭」

ウバメガシに劣らない!?

浜松で生まれ育った橋本健さん（66歳）が炭窯を構えるのは旧三《みっ》ケ日《かび》町だ。三ヶ日は全国有数の温州ミカン産地として知られるところで、剪定や改植で出るミカンの木や枝は年間6000tにもなるという。

橋本さんが改植で出る伐採木を活かして「柑炭」を焼き始めたのは2013年。知人にミカンはウバメガシ（備長炭）に劣らない炭になると聞いたのがきっかけだ。「ウバメガシもミカンも照葉樹。ひょっとしたらと思って焼いてみると、なかなかいいのができた」。農家の負担を減らしたいと、自ら園に出向いて炭材を切り出す。

三ヶ日ではミカンの収穫が終わった1～2月、生産性が落ちた古木や品種更新で植え替える木が伐採される。圃場や品種にもよるが、ミカンは30年ほどで改植する。

剪定枝はチッパーで粉砕して土に還す農家もいるが、粉砕できな

枝葉を切り落としたミカンの木

ミカンの木は堅くて粘り気がある

橋本さんが1～2月の2カ月間で伐採するのは1000本ほど。曲がったりねじれたりした幹からできるだけ通直な材を切り出すため、20cm前後の短いピース（小片）にカットする。

ミカンの木の特徴は堅くて粘り気があることだという。チェンソーのこまめな目立てが欠かせない。「堅い木はいい炭が焼ける」。

炭材の断面。木質部が締まっていて堅いのが特徴

歪曲した幹から炭材を切り出す橋本さん

改植する木の伐採まで
やってもらって助かってます

ミカン農家の外山智洋さん

い太さの幹や枝は産業廃棄物としてお力ネを払って集積所に持ち込むか、野焼きが必要になる。ミカン農家の外《と》山《やま》智洋さん（55歳）は、「焼くのに時間がかかる太い木を引き取ってくれるだけでありがたいのに、伐採までやってくれて本当に助かってます」と話す。

年4～5t製炭、地元で消費

橋本さんがミカンの伐採作業に時間をとられる1～2月を除き、窯は約10カ月フル稼働している。切り出した炭材は窯まで運び、フレコンバッグに入れて保管。それを順次焼いていく。炭材10tから1回にできる炭は400～500kgで、年10回ほど炭を焼く。

炭を取り出す日、窯内に入ると、炭は中央で山になっていて、その山を囲うように灰が積もっていた。窯口に近いところは軽い炭になるが、「焼き締まった重い炭だけがいい炭じゃない。用途で使い分けるのが大事」と橋本さん。軽い炭

精煉で高温製炭

火を入れたら10日間焼く。空気を絞って焼くのが炭だが、炭化終盤に窯口を開いて窯に空気を送り込む「精煉」という工程がある。

一般に黒炭を焼くときは700℃程度までしか上げないが、橋本さんは炭素純度を上げるため1000℃まで上がるように精煉する。その分収量は減るが、不純物が少なく白炭に近い性質の炭になる。精煉後すぐに窯を密閉。5、6日経ったら完成。

窯は横幅2.4m、奥行3m、高さ1.6mのドーム型。耐火レンガを組み、砂で覆った上から生コンで固めた。炭材は10t入る

窯口までギッシリ詰める。窯の内部も約20cmの炭材が横向きに隙間なく積み上げられている

窯詰めには1週間かかる

短い炭材を窯に積み入れるのは根気がいる作業だ。堅く締まっていて重みのある木は窯の中央部、形が悪いものやスカスカのものは周辺部へ置く。中央部は炭になるが、周辺部は灰になってしまうからだ。

橋本健さん

は火持ちしない代わりに火つきがよいので、バーベキューやキャンプで十分使える。どちらも高温で製炭しているので不純物は抜け切り、無煙ではぜない。

柑炭は10kg5000～6000円で、地元のうなぎ屋や焼き鳥屋、焼き肉屋、水タバコ屋などへ販売、定期的に配達もする。

炭だけでなく灰や木酢液も需要がある。灰は何度もふるいにかけてごみを取り除いたものが500g500円。囲炉裏ユーザーや日本料理のアク抜き用に売れる。また、炭くずが混ざった灰は1kg60円で養豚農家が飼料に添加するのに買っていく他、農家が土壌改良材として利用している。木酢液は1ℓ200円。1回の炭焼きで600ℓ出る。養豚場のにおい消しのほか、防虫効果をねらって作物に散布する農家もいる。

焼き上がった炭を取り出すため窯口を開けるところ

窯を開けると……

窯を開けると、表面が白い灰で覆われた炭の山が現れた

焼き上がった柑炭。元の3分の1ほどの大きさに締まる。互いに叩くと金属音のような高い音がする

地元のうなぎ屋で柑炭が好評

柑炭で
ウナギを焼く

柑炭を使う地元のうなぎ屋「鱗《りん》」では、月30～45kgの炭を消費。橋本さんが月40kg納品する柑炭の他に、厨房にはラオス産備長炭もあった。店主の塚本大喜さん（21歳）によると、ラオス炭はウナギの水分やタレで火が消えてしまうので１回焼いたら新しいものに交換する。一方、柑炭は芯に火が残っていて消えない。多少の水気は振り落とすように燃え、火力にムラがなく、ウナギを３回焼けるとのこと。

竹の薪

見た瞬間、「なるほど、お見事！」と膝を打った。

何せ放置竹林の利用については、長年、各地の事例を集めてきたつもり。竹細工は素敵だが量的にはタカがしれている。竹炭や竹パウダーに加工して田畑に入れるのが最高だとは思っているが、一方で、燃料にできたらもっと気軽に大量に使えるのに、とも考えてきた。しかし、「竹はすぐ燃えてしまうので燃料には向かない」というのが世の常識。

ところが、長野県飯田市の天竜川で舟下りの船頭をやっている曽根原宗夫さんが、ある日思いついたのだ。孟宗竹の中に割った竹を詰めてみたら……、燃料としての密度が上がり、これまでの3倍も火持ちがする竹の薪ができあがった。名付けて「スーパーアチチ君」。

薪ストーブに使えるよう、長さは従来の薪と同規格の40㎝としたそうだ。切る位置は気にしなくても、節は割り竹を突っ込むときに貫通する。ただし、竹は火力が強く温度がガッと上がるので、薪ストーブは熱に強い鋼板タイプのものでないとダメそうだ。現在、竹の薪をストーブに愛用する家が地域で4軒に広がったという。

竹3本で、灯油18ℓ分のエネルギー量になるそうだ。なかなかたいしたもんじゃないか。

文＝編集部
写真＝尾崎たまき

初出一覧

図解　ニッポンのエネルギー事情 …………… 書き下ろし
ウメ農家・湯浅さんの電気に頼りすぎない暮らし
…………………………………………… 『季刊地域』36号
知っておきたい電気の話　きほんのき ……… 書き下ろし

PART1　太陽の光で電気をつくる・熱に変える

オール電化から電力自給開始で電気に愛着のある暮らし
……………………………… 『現代農業』2021年8月号
「わがや電力」論 …………… 『現代農業』2015年4月号

●手づくり 太陽光発電

「太陽光で電気をつくる・貯める・使う」の基本
…………………………………………… 『季刊地域』11号
オフグリッドソーラーに必要な機器たち
…………………………………………… 『季刊地域』45号
図解　卒ＦＩＴで蓄電時代がやって来る
…………………………………………… 『季刊地域』36号
心がトクする蓄電池の取り入れ方 … 『季刊地域』36号

●広がる営農型発電

農業とともに永続するソーラーシェアリング
…………………………………………… 『季刊地域』45号
使い切れない農地 ソーラーシェアリング＋有機栽培で資源化……………………………… 『季刊地域』45号
太陽光パネルは廃ガラス利用で100%リサイクルできる
…………………………………………… 『季刊地域』50号

●光を熱に変える道具をつくる・使う

波トタン …………………… 『現代農業』2020年9月号
ソーラーフードドライヤー ………… 『季刊地域』42号
手づくり太陽熱温水器 …… 『現代農業』2011年7月号
真空管式太陽熱温水器なら冬でもしっかりお湯になる
…………………………………………… 『季刊地域』36号
石垣棚田ハウス ……………………… 『季刊地域』24号

PART2　水の力で発電・動力に活かす

山の暮らし 小水力発電に活かさない手はない
…………………………………………… 『季刊地域』11号

●早わかり 小水力発電

小水力発電の基礎知識 …………………… 書き下ろし
むらの小水力診断 ………………………… 『季刊地域』14号
水車のいろいろ …………………………… 『季刊地域』11号

●手づくり水車で電力自給

ごみ取り不要のミニミニ発電所をつくった
…………………………………………… 『季刊地域』38号
ハブダイナモ水車のつくり方と使い方
…………………………………………… 『季刊地域』34号
コアレス発電機で手づくり水車がパワーアップ
…………………………………………… 『季刊地域』50号

●売電で地域が潤う

小水力発電で農山漁村発イノベーションを！
…………………………………………… 『季刊地域』50号
ＪＡと協同事業方式の発電所が絶好調
…………………………………………… 『季刊地域』50号

●もっと使える 水の力

1kg170円で製粉します　粉挽き水車が現役復活
…………………………………………… 『季刊地域』14号
雨水クーラー／水力ケーブルカー／動くかかし
／イモ洗い水車………………………… 『季刊地域』14号

PART3　薪＆炭の熱でおいしく熱エネ自給

週末林業グループが薪で火のある暮らしを応援
…………………………………………… 『季刊地域』48号

●農家の熱エネ自給クッキング

保米缶燻製器　サクラの生木で燻して絶品ベーコン
……………………………… 『現代農業』2011年12月号
植木鉢タンドール　炭火で本格ナン
…………………………………………… 『季刊地域』44号
ヌカ釜　モミガラでご飯が早く、おいしく炊ける
……………………………… 『現代農業』2011年7月号

●早わかり 薪＆炭

薪の話Q&A　広葉樹だけでなく針葉樹も薪に使えます
…………………………………………… 『季刊地域』48号
炭の話Q&A　ゼロから始める炭焼きの楽しみと基本技術
…………………………………………… 『季刊地域』48号

●熱エネ自給が楽しめる道具・燃料

薪でテントサウナ ………………………… 『季刊地域』48号
かまど型ロケットストーブ……………… 『季刊地域』33号
丹後ロケットストーブ「かぐつち2号」
…………………………………………… 『季刊地域』48号
一斗缶積みロケットコンロ
……………………………… 『現代農業』2014年12月号
ロボット型薪ストーブ ………………… 『季刊地域』24号
タテ置きドラム缶窯 …………………… 『季刊地域』48号
ミカン伐採木で「柑炭」 ……………… 『季刊地域』48号
竹の薪……………………………………… 『季刊地域』25号

＊年齢や価格などの情報は、主に掲載時のものです。

小さいエネルギーで暮らすコツ
太陽光・水力・薪＆炭で、電気も熱も自分でつくる

2023年3月15日　第1刷発行
2024年4月25日　第4刷発行

編　者　一般社団法人
農山漁村文化協会

発行所　一般社団法人　農山漁村文化協会
〒335-0022　埼玉県戸田市上戸田2丁目2-2
電話　048（233）9351（営業）　048（233）9355（編集）
FAX　048（299）2812　　振替 00120-3-144478
URL　https://www.ruralnet.or.jp/

ISBN978-4-540-22204-7　DTP制作／㈱農文協プロダクション
〈検印廃止〉　印刷・製本／TOPPAN（株）